Die Großen, wie sie keiner kennt

Das Buch

Wer war's? Mit dieser Frage schließt Gerhard Prause jede der 66 Begebenheiten aus dem Leben bekannter Persönlichkeiten. Und es ist spannend zu sehen, wie viele – oder eher wie wenige? – der Erfragten man errät. Denn »Tratschke«, wie Gerhard Prause auch genannt wird, erzählt Erstaunliches aus deren Privatleben. Die dramatisch bewegte, düstere Kindheit einer großen Chansonette und das tragische Ende hinter Irrenanstaltsgittern, das ein verdienter Arzt bei gesundem Verstand erleben mußte – das sind nur zwei Beispiele aus der großen Vielfalt von Prauses biographischen Notizen.
So kennt man sie nicht, die Großen der Geschichte!

Der Autor

Gerhard Prause, promovierter Literaturwissenschaftler und Historiker, wurde 1926 in Hamburg geboren. Er arbeitet seit Jahrzehnten als Reporter und Autor bei der *Zeit*. Seine in viele Sprachen übersetzten Bücher haben die Millionenauflage weit überschritten. Zudem schrieb er Hörfolgen für den Rundfunk und Drehbücher für das Fernsehen.

In unserem Hause sind
von Gerhard Prause bereits erschienen:

Genies ganz privat
Genies in der Schule
Niemand hat Kolumbus ausgelacht

Gerhard Prause

Die Großen, wie sie keiner kennt

66 biographische Rätsel

Econ Taschenbuch Verlag

Econ Taschenbuch Verlag 2000
Der Econ Taschenbuch Verlag ist ein Unternehmen der
Verlagshaus Goethestraße GmbH & Co. KG, München

Umschlagkonzept: Büro Meyer & Schmidt, München – Jorge Schmidt
Umschlaggestaltung: Init GmbH, Bielefeld
Titelabbildung: AKG, Berlin
Gesetzt aus der Caslon, Linotype
Satz: Josefine Urban – KompetenzCenter, Düsseldorf
Druck und Bindearbeiten: Ebner Ulm
Printed in Germany
ISBN 3-612-26671-3

Für Ilsemarie

Inhaltsverzeichnis

Statt eines Vorworts

Zugegeben: »... wie sie keiner kennt« ist übertrieben und darf nicht wörtlich genommen werden. Es soll nur das Spannungsfeld andeuten, in dem diese 66 Fragen nach großen Gestalten der Geschichte stehen. Nicht um Kurzbiographien geht es hier. Vielmehr werden aus jeder Lebensgeschichte gleichsam Momentaufnahmen herausgegriffen, die oft nur Nebensächliches zu zeigen scheinen, tatsächlich aber doch immer etwas Bezeichnendes, ja Wesentliches verraten:

Etwa wie ein großer Politiker zu einer Galavorstellung statt mit weißen mit schwarzen Handschuhen erscheint und dadurch auch den Rest seines gesellschaftlichen Ansehens einbüßt. Oder wie eine Frau in der wahnwitzigen Furcht, lebendig begraben zu werden, darauf besteht, nach ihrem Tode in Alkohol konserviert zu werden. Oder wie einer ein Leben lang seine maßlose Eßlust nicht bezähmen kann und ein anderer, einer der größten Denker, eine völlig irrige Theorie über die Entstehung von Wanzen in seinem Schlafzimmer entwickelt. Oder wie einer, dessen Namen heute jeder kennt, mit ganz gerissenen Gaunereien begann ...

Das sind nicht etwa »Enthüllungen«, und niemandem soll die »Maske vom Gesicht gerissen« werden. Doch sind es andererseits keineswegs Lappalien, die hier erzählt werden (auch nicht etwa Anekdoten), sondern Begebenheiten, Charakterzüge, Verhaltensweisen, die mitten ins Leben der betreffenden Personen blicken lassen. Sie zeigen die Großen einmal so, wie man sie gemeinhin nicht sieht; sie machen deutlich, daß auch die Weltberühmten ihre großen und kleinen Sorgen hatten, ihre alltäglichen Probleme, ihre Nucken und Eitelkeiten – kurz, daß auch die »Unsterblichen« Menschen gewesen sind.

So ist denn das eigentliche Anliegen dieser 66 Fragen und Antworten – wie schon das meines Buches »Niemand hat Kolumbus ausgelacht«, in dem weitverbreitete Lügen, Fälschungen und Legenden der Weltgeschichte korrigiert werden –, an die Stelle einer heroisierenden, pathetischen, letztlich unwahren Geschichtsauffassung eine schlicht menschliche und deswegen erträglichere und gültigere zu setzen.
Das klingt nun freilich fast zu ernst. Und weil gerade einer ernstgemeinten Sache kaum etwas so sehr schaden kann wie der Ernst selber, wurde hier die leichte Form des Spiels gewählt, eines Fragespiels, das jeder für sich allein oder aber auch mit anderen spielen kann.
Es begann im Januar 1966 in der »ZEIT« und läuft da immer noch, Woche für Woche. Der erste Jahrgang, der 1967 als Buch erschien, wurde erweitert und liegt hiermit als Taschenbuch vor.
Die Lösungen findet man am Ende des Buches. Wer mehr wissen möchte, mag die zum Schluß genannte Literatur zu Rate ziehen.

Gerhard Prause

Wer war's?

Als Prinz im Zirkus aufgetreten

Sein klangvoller Name und seine Flucht aus Europa, wo sein Putschversuch gescheitert war, machten in New York großen Eindruck. Der Hotelier, bei dem der Königssohn sich eingemietet hatte, meinte sogar, es ließe sich mit dem jungen Mann und Amerikas Sensationslust ein gutes Geschäft machen. Deswegen bot er ihm freie Station, dazu täglich zwanzig Dollar und eine Equipage, die ihm ständig zur Verfügung stehen sollte, und forderte als Gegenleistung lediglich, daß der vornehme Flüchtling sich jeden Tag mindestens einmal an der Table d'hôte sehen lasse.

Da der junge Mann nicht nur darauf angewiesen war, sondern auch bereit war, auf jede nur mögliche und für seinen Stand manchmal sogar unmögliche Weise Geld zu verdienen, kam ein entsprechender Vertrag tatsächlich zustande. Und zwar zunächst einmal für die Dauer von sechs Wochen.

Doch der Hotelier hatte die Sensationsgier der New Yorker überschätzt; schon nach einer Woche löste er den Vertrag wieder, weil die Sache für ihn ein Verlustgeschäft wurde. Sein namhafter Gast erwies sich als weit weniger zugkräftig als erhofft.

Einige Wochen später aber machte er doch von sich reden. Er hatte einen berühmten amerikanischen Sportler kennengelernt, Snow, den besten Langstreckenläufer New Yorks. Und da er selber – er war damals 29 Jahre alt – sich für einen ausgesprochen guten Läufer hielt, ließ er sich von Snow zu der Prahlerei hinreißen, er könne eine Strecke von 18 englischen Meilen – das sind fast 27 500 Meter – in nur zwei Stunden und 20 Minuten laufen. Snow bezweifelte das. Und so schlossen sie eine Wette. Um tausend Dollar. Ausgetragen wurde sie im New Yorker Vauxhall-

garten; in der Zirkusarena sollte der Amateur-Schnelläufer 116 Runden drehen, um auf die 18 Meilen zu kommen.
Es war ein großes Ereignis. Überall in New York war es auf Plakaten angekündigt worden. Und so war der Zirkus voll besetzt, als der Sechs-zehntel-Marathonlauf begann. Unter lauten Zurufen seiner Freunde drehte der Läufer ziemlich gleichmäßig Runde um Runde. Einmal um die Arena waren fast 240 Meter. Er lief zehn, zwanzig, fünfzig Runden und mehr. Erst bei der 63. zeigten sich Ermüdungserscheinungen. Und dann wurde das Tempo allen anfeuernden Rufen zum Trotz immer langsamer. Aber der Mann wollte nicht aufgeben. Er lief weiter, bis er völlig erschöpft zusammenbrach. Das geschah nach der 68. Runde. Halb tot mußte er aus der Arena getragen werden.
Die Zeitungen haben über seine Niederlage ausführlich berichtet. Nicht ohne Schadenfreude. Einer der Berichterstatter meinte voller Spott, der Auftritt in der Arena erinnere an die römischen Kaiser und deren Leidenschaft für den Zirkus; der Mann mit dem großen Namen könne es also noch weit bringen.
Ausgerechnet diese ironisch gemeinte Voraussage sollte wahr werden: Fünfzehn Jahre später trug der gescheiterte Langstrekkenläufer eine Kaiserkrone, die er allerdings nach knapp achtzehn Jahren wieder verlor.

Wer war's?

In der Furcht, verrückt zu werden

Mit vierzehn ging er von zu Hause fort. »Ich will berühmt werden«, sagte er seiner Mutter und versuchte, ihr zu erklären, wie so viele in Armut geborene Männer schließlich nach oben gekommen waren: »Man macht zuerst so gräßlich viel Böses durch – und dann wird man berühmt!« Diese Sucht nach Ruhm bezeichnete er später als einen »völlig unerklärlichen Trieb«, der ihn »beherrschte«.

Dabei schienen die Voraussetzungen für die Erreichung seines Ziels außerordentlich gering. Daß der Junge keinerlei finanziellen Rückhalt hatte – er kam aus ärmlichsten Verhältnissen; der Vater war schon lange tot, die Mutter trank –, läßt sich in einer Weise auch positiv sehen: Mit seinem proletarischen Zuhause gab er nichts auf; er hatte nichts und konnte nichts verlieren. Nur von Nachteil aber war, daß er so gut wie nichts gelernt hatte und doch von höchsten Zielen träumte. Er konnte kaum schreiben – Orthographie blieb übrigens immer seine Schwäche –, und er schien hoffnungslos ungebildet; er wußte sich nicht einmal zu benehmen, sah nicht gut aus, wirkte nicht einmal sympathisch. Und bei aller Entschlossenheit war er übermäßig empfindlich.

Dennoch hat er es geschafft. Nach vielen Anläufen, die nur scheinbar in Sackgassen führten, fand er schon bald einen Weg, der ihn zu Weltruhm führte und ihn schließlich zum Berühmtesten seines Landes machte. Sehnsucht nach Ruhm war die Triebfeder seines Lebens. Das gab er auch zu. In einem Brief gestand der 35jährige:

»Nach und nach glänzt mein Name doch auf, und das ist auch das einzige, wofür ich lebe! Ich trachte nach Ehre wie der Geizige nach dem Klang des Goldes: beides ist zwar leer; aber für etwas muß man sich in dieser Welt doch begeistern, sonst fällt man ganz zusammen und verfault!«

Ohne Anerkennung und Bewunderung konnte er nicht leben: »Nur wenn sie von allen bewundert wird, fühlt meine Seele sich glücklich; der Geringste, der dies nicht tut, kann mich mißmutig machen.« Nichtanerkennung, Kritik machte ihn krank. Als er einmal eine (allerdings vernichtende) Beurteilung hinnehmen mußte, legte er sich zu Bett – »zwei Tage lag ich im Fieber, ein Monat meines Lebens ist mit Herzeleid vergeudet; Gott vergebe jenen, die daran schuld sind!«

Mit dem Weltruhm war auch das gesellschaftliche Ansehen gekommen: Der Proletarierjunge von einst, dessen Tante Bordellwirtin gewesen war, saß nun zu Gast bei Fürsten und Herzögen und sogar bei seinem König. Aber dieser märchenhafte Aufstieg, der ihn selber so sehr faszinierte, daß er ihn immer von neuem nachvollziehen mußte, ließ ihn doch nicht ganz und gar glücklich werden. Das lag an einem seltsamen Zug seines Wesens. Es war ihm nicht möglich, sich nur zu freuen – immer plagte ihn dann irgend etwas anderes. Das konnte ein physischer Schmerz sein, wie zum Beispiel an jenem für ihn höchst ehrenvollen Tag, an dem seine Geburtsstadt ihn mit einer Feier ehrte:

»Wie war ich glücklich, und dennoch – zum rein Himmlischen wagt der Mensch sich nicht hinaufheben zu lassen, ich sollte und mußte fühlen, daß ich nur ein armseliges Menschenkind war, durch die Bresthaftigkeit des Irdischen in Fesseln geschlagen. Ich litt an heftigem Zahnweh, das durch die Hitze hier oben und durch die Gemütsbewegungen in unleidlichem Maße anwuchs... Ich trat ans offene Fenster; alles strahlte im Fackelglanz, der Platz war ganz voll von Menschen, Lieder klangen zu mir herauf, ich war seelisch überwältigt, ich war körperlich benommen, konnte diesen Höhepunkt meines Glücks in diesem Leben nicht genießen. Das Zahnweh war unerträglich; durch die eiskalte Luft, die mir entgegenschlug, flammte es heftig wieder auf, und anstatt die Glückseligkeit dieser Minuten, die nie wiederkehren, so recht zu genießen, blickte ich auf das gedruckte Lied, wie viele Verse abzusingen waren, bis ich dieser Marter entrinnen konnte, die ich durch die kalte Luft an meinen Zähnen litt.«

Nur scheinbar war das eine einmalige, komische Situation. In seinen Tagebüchern, die er mit größter Sorgfalt führte, jammerte er unaufhörlich über immer neue körperliche Gebrechen; die Wörter matt, fiebrig, schwindelig, entkräftet, reizbar, melancholisch tauchen unentwegt auf. Und was immer er eintrug über Gott und die Welt – der Gedanke an seine Gesundheit verließ ihn nie: »Aufgestanden halb neun, herrlicher Sonnenschein, Gott, laß diesen auch mein Gemüt für Christentum und Gott erhellen! (Mein Stuhlgang etwas dünn.) . . .«

Hinter seiner ständigen Selbstbeobachtung stand weniger die Furcht vor körperlicher als vor geistiger Krankheit. Sein Leben lang fürchtete er, verrückt zu werden. Anlaß zu dieser Furcht war sein geisteskranker Großvater. Nie konnte er vergessen, wie der alte Mann mit einem großen Dreispitz aus Papier auf dem Kopf und behängt mit Blumen und Zweigen laut singend durch die Straßen lief, verfolgt von lachenden Kindern. Als er feststellte, daß er seinem Großvater von Ansehen immer ähnlicher wurde, hat ihn das zutiefst beunruhigt. Oft hat er in seinen Tagebüchern von seiner Furcht geschrieben, eines Tages verrückt zu werden. Geradezu entsetzt war er, als er einmal einen »armen, halbblöden Burschen« vor seinem Fenster sah; »er hatte ein edel geformtes Gesicht, die Augen waren glanzvoll, aber über dem ganzen Menschen lag etwas Gestörtes, und die Jungen foppten und hetzten ihn. Ich dachte dabei an mich selber, an meine Kindheit, meinen geistesschwachen Großvater . . . Ich weiß nicht, beim Anblick dieses unglücklichen, gehetzten Blödlings vor meinem Fenster klopfte mein Herz heftig . . .«

Was er so sehr fürchtete, ist nicht eingetroffen. Nachdem er nie eigentlich krank gewesen war, sondern erst gegen Ende seines Lebens längere Zeit gekränkelt hatte, ist er im Alter von 70 Jahren gestorben.

Wer war's?

Täglich zog er ein reines Hemd an

Zusammen mit seinem ältesten Sohn war er eingeladen worden, an einem über Tage gehenden Vergnügungsfest teilzunehmen; man wollte ihn in dieser anderen, prunkvolleren und lustigeren Umgebung ein wenig aufheitern. Da er sonst fast nie von zu Hause wegkam, wurde dieses im Grunde politische Ziel auch wirklich erreicht.

Zu Hause lebte er recht bescheiden. Zwar bewohnte er auch mit seiner Familie ein Schloß, aber die meisten Räume waren der Verwaltung überlassen. Genaugenommen hatte die Familie nicht einmal ein Eßzimmer; das Zimmer, in dem sie aßen, diente zwischen den Mahlzeiten als Audienzsaal.

Was er und die Seinen zu Hause aßen, war übrigens denkbar einfach – auch da wurde nach Möglichkeit gespart. Sein Lieblingsgericht zum Beispiel waren Hammelrippen mit Kohl.

Nur auf einem Gebiet galt er als verschwenderisch, dem der Körperhygiene. Sein Bedürfnis nach körperlicher Sauberkeit schien allen maßlos übertrieben, ja geradezu krankhaft: Täglich zog er ein reines Hemd an, während es gewöhnlich schon für ungemein anspruchsvoll galt, das Hemd wöchentlich einmal zu wechseln. Und mit dem Waschen war es genauso: Spottend erzählte man hinter seinem Rücken, er wasche sich so oft wie ein Muselman.

Er wollte, daß auch seine Kinder zur Reinlichkeit erzogen würden. In einer Instruktion zur Erziehung seines Ältesten schrieb er dem Erzieher:

»Im Aus- und Anziehen müssen sie Ihn gewöhnen, daß Er hurtig aus und in die Kleider kommt, soviel als menschenmöglich ist. Sie sollen auch dahin sehen, daß Er sich selbst aus- und anziehen lerne und daß Er propre und reinlich werde, und nicht so schmutzig sei.«

Inzwischen war der Sohn nun fast erwachsen und nahm – es war Karnevalszeit – an den Vergnügungen mehr Anteil, als dem Vater lieb war. Was in jener Gesellschaft beide entzückte, waren ja nicht allein so derbe Späße wie der mit dem Pokal des Gastgebers, der, bis zur Neige geleert, einen donnernden Schuß abgab. Es war die ganze heitere, unbeschwerte Atmosphäre, die sie sogar am Tanzen teilnehmen ließ. Dem Vater platzte daher der Uniformrock, und Diener mußten in aller Eile Decken herbeibringen, um den zwei Zentner schweren Mann, dessen Leibesumfang auf anderthalb Meter zuging, so lange damit einzuhüllen, bis ein anderer Rock zur Stelle war und weitergetanzt werden konnte.

Etwas aber störte ihn, der im Grunde ein biederer, wenn auch tyrannischer Hausvater war, an dieser Gesellschaft. Das waren die »Liebesversuchungen«, denen sie jeden aussetzte. Prägend auf diesem Feld, um nicht zu sagen Vorbild, war der Gastgeber selber, von dessen sexueller Tüchtigkeit weithin die Rede war. Es heißt, er habe 354 illegitime Kinder gehabt. Der Gast war an solche Ausmaße bei weitem nicht gewöhnt, und einigermaßen froh erklärte er nach jenem Ausflug:

»Ich bin dankbar, sagen zu können, daß ich ebenso rein fortging, als ich kam!« (Was der noch nicht sechzehnjährige Sohn von sich höchstwahrscheinlich nicht hätte sagen können.)

Wer war's?

»Kilometer von nacktem Rücken...«

Liebe«, meinte sie, indem sie den Ausspruch eines französischen Schriftstellers übernahm, »Liebe ist kein anständiges Gefühl.« Und ihrer 37 Jahre jüngeren Tochter präzisierte sie, warum sie Liebe und Leidenschaft nicht allzu hoch einschätzte:

»Ich glaube«, schrieb sie ihr einmal, »daß wir unsere moralischen Kräfte aus einem Idealismus ziehen sollen, der, ohne hochmütig zu machen, uns in unseren Ansprüchen und Träumen hoch greifen läßt; und ich glaube auch, daß man sich leicht betrügt, wenn man alles höhere Lebensinteresse von einem so stürmisch bewegten Gefühl abhängig macht, wie es die Liebe ist...«

Freilich hatte die inzwischen über 60jährige einst selber geliebt und war geliebt worden. Doch war Liebe nie die Mitte ihres Lebens gewesen; sie hatte wirklich höher gegriffen, und zwar mit Erfolg. Und vor jenem Ziel, dem sie – bei ihr muß man es sagen – ihr Leben opferte, war alles andere nebensächlich und manches ganz und gar bedeutungslos geworden. Vor allem solche Dinge wie Mode und Kosmetik hatte es für sie nicht gegeben. Deswegen wollte sie es nicht recht einsehen, daß die Tochter da entschieden anders dachte. Oft, wenn die Tochter sich zurecht machte, weil sie am Abend ausgehen wollte, machte sie ihr Vorhaltungen. Zum Beispiel: »Mein armes Kind, was für abscheuliche Absätze! Nein, du wirst mir nie einreden können, daß die Frauen geschaffen sind, auf Stelzen zu gehen... Und was ist das für eine neue Mode, die Kleider im *Rücken* auszuschneiden? Vorn war es noch erträglich, aber Kilometer von nacktem Rücken! Erstens ist es unanständig, zweitens läufst du Gefahr, eine Rippenfellentzündung zu bekommen, drittens ist es häßlich: Dieses letzte Argument müßte dich überzeugen, wenn es die beiden anderen schon nicht tun!«

Aber die Tochter ließ sich nicht überzeugen. Sie war dann meist schon dabei, sich zu schminken, und wartete darauf, daß die Mutter ihr zurief: »Drehe dich um, damit ich dich bewundern kann«, um dann auch dazu ihre Meinung zu sagen:

»Nun ja, prinzipiell habe ich nichts gegen diese Schmiererei einzuwenden. Ich weiß, daß es von jeher Sitte ist. Die alten Ägypterinnen haben es noch weit ärger getrieben ... Ich kann dir nur eines sagen: Ich finde es abscheulich. Du malträtierst deine Augenbrauen, du beschmierst deine Lippen in völlig sinnloser Weise.«

Sie selber hatte sich nie geschminkt. Und wenn sie sich jetzt – früh gealtert, grau und abgemagert – mal ein neues Kleidungsstück anschafft, dann nur, weil die Tochter sie mit – so berichtet sie – Brachialgewalt dazu gebracht hat. Und dann nimmt sie das einfachste und meist auch das billigste. Dabei hat sie seit langem keine Geldsorgen mehr. Es ist auch nicht Geiz. Es berührt sie eben nicht

Und im Grunde berührte es sie auch gar nicht, daß die Tochter sich in diesen Punkten nicht beeinflussen ließ. Sobald sie allein war, begann sie mit der seit Jahrzehnten gewohnten Nachtarbeit; immer noch umfaßte ihr Arbeitstag insgesamt 14 bis 16 Stunden. Und wenn die Tochter wieder nach Hause kam, fand sie die Mutter – auch das ein gewohntes Bild – auf dem Fußboden sitzen, umgeben von Büchern, Broschüren, Papieren, Tabellen und Rechenschiebern. Sie hatte sich nie daran gewöhnen können, an einem Schreibtisch zu arbeiten; sie brauchte unbeschränkten Platz.

Sie sah kaum auf, wenn die Tochter heimkam – so vertieft war sie in ihre Arbeit. War nicht auch das eine Art von Leidenschaft? Dieses leidenschaftliche Verhältnis zu ihrer Arbeit, ihrer Wissenschaft, hat ihr höchsten Ruhm gebracht, aber auch den Tod.

Bewunderern gegenüber bezeichnete sie ihr Leben nicht gerade als vorbildlich oder gar nachahmenswert für andere Frauen. »Man muß nicht unbedingt ein so widernatürliches Leben führen wie ich«, sagte sie manchmal; »was ich den Frauen und jungen Mädchen wünsche, ist ein einfaches Familienleben und eine Tätigkeit, die ihnen Freude macht.«

Wer war's?

Weil er schwarze Handschuhe trug...

Ihm zu Ehren veranstaltete die Stadt einen festlichen Opernabend. In dieser Stadt wußte man – und wollte zeigen, daß man es wußte –, »was sich gehört«. Eben deswegen wurde es nicht übersehen, sondern im Gegenteil mit Sorgfalt und schadenfroher Bosheit registriert, daß der Ehrengast mit schwarzen Handschuhen gekommen war, wie zu einer Beerdigung. Schon nannten einige ihn den Beerdigungsunternehmer der Nation. Während der Vorstellung hingen die schwarzen Handschuhe, in den Pausen allen deutlich sichtbar, über dem roten Sammet der Logenbrüstung – eine Bestätigung dafür, was sich längst herumgesprochen hatte, nämlich daß dieser Mann aus der Wildnis kaum die einfachsten gesellschaftlichen Regeln kannte.

Hätte seine Frau ihn begleitet, dann wäre das sicher nicht passiert. Sie stammte aus einer vornehmen Familie und hatte immer größten Wert darauf gelegt, korrekt und elegant gekleidet zu sein. Mit unermüdlicher Nörgelei hatte sie versucht, ihn auch dahin zu erziehen. Aber er hatte wenig Sinn dafür und gar keinen Geschmack in solchen Dingen. Zwar hatte sie erreicht, daß er wenigstens in der Öffentlichkeit anständig angezogen ging. Daheim jedoch blieb er immer in Hemdsärmeln, alten, verfärbten Hosen und übergroßen Pantoffeln und ging auch so an die Haustür, wenn Besucher kamen. Draußen aber trug er nur Anzüge aus schwarzem Tuch mit schwarzer Velvetweste, weißem Hemd, schwarzer Seidenkrawatte und einen hohen, glänzenden Zylinder. Aber Handschuhe zu tragen, war ihm nicht beizubringen. Er nannte es Tierquälerei. So war es denn kein Wunder, daß er an jenem Gala-Abend ausgerechnet die falschen erwischte.

Ob es ihm was ausmachte, wenn man über ihn lachte und ihn für nicht gesellschaftsfähig hielt? Vielleicht hatte er sich längst daran gewöhnt. Auch die vornehme Familie seiner Frau hatte ihn immer als Menschen zweiter Klasse behandelt. Erst fünf Jahre nach der Hochzeit hatte er zum ersten Mal das Elternhaus seiner Frau betreten dürfen. Er stammte aus ärmlichsten Verhältnissen. Aufgewachsen war er in einem aus Baumstämmen roh zusammengefügten Blockhaus.
Desto bewundernswerter war, wie er sich aus eigener Kraft zum Rechtsanwalt emporgearbeitet hatte. Zwar war das noch ohne höhere Schulbildung, sogar ohne Universität, ja ohne Ablegung einer Prüfung möglich gewesen – nachdem er mehrere Jahre lang auf eigene Faust Fachliteratur gelesen hatte, genügte es, dem höchsten Gericht seines Landes zu versichern, er habe »einen guten und moralischen Charakter«, um dort als Anwalt zugelassen zu werden –, dennoch war es eine beachtliche Leistung. Denn selbst eine Elementarschule hatte er nur ganz kurze Zeit besucht.
Vielleicht aber hat ihn die Hintansetzung durch die Familie seiner Frau doch sehr viel mehr getroffen, als er erkennen ließ. Vielleicht war gerade sie ein wesentlicher Grund für den Entschluß, in die Politik zu gehen und seine Stellung als Anwalt aufzugeben. Übrigens tat er es zögernd, und als die eigentlich ja überraschende Entscheidung gefallen war, die ihn plötzlich ganz nach oben brachte, da scheint er selbst erschrocken gewesen zu sein. Denn dieser sonst so redselige Mann, der unentwegt Geschichten, Anekdoten, Witze erzählte und der so gerne Reden hielt, verstummte. Monatelang sprach er so gut wie gar nichts, und wenn er gebeten wurde, sich zu diesem oder jenem Problem zu äußern, dann verwies er einfach auf früher gehaltene Reden.
War er unsicher geworden? Überraschte es ihn, daß man ihn auch jetzt noch für einen Hinterwäldler hielt? Daß gerade jene Männer, die ihm als engste Mitarbeiter unterstellt waren, sich

für kultivierter, gebildeter, fähiger hielten als ihn? Deutlich sah er, wie der ohnehin nicht große Respekt, den man ihm entgegenbrachte, durch sein gesellschaftlich mangelhaftes Auftreten noch geringer wurde. Daran änderten auch seine schwarzen Anzüge nichts; sie saßen eben zu schlecht, was sogar noch immer schlimmer wurde, weil er nämlich in den ersten Monaten seiner Amtszeit an vierzig Pfund seines Körpergewichts verlor –, er, der schon immer als hager gegolten hatte –, aber dennoch nicht einsah, warum er sich neue Anzüge machen lassen sollte. In diesem Punkt waren sich alle einig: Seine Anzüge hingen an ihm wie an einer Vogelscheuche.

Aber viele boshafte Leute hatten ihre Freude daran. Sie freuten sich auch schon im voraus, als er – nicht lange nach seiner Amtsübernahme – einen Prinzen empfangen mußte. Sie waren sicher, ihn dabei grobe Fehler machen zu sehen. Aber sie wurden enttäuscht. Niemand konnte ernstlich etwas dagegen einwenden, wie er und seine Frau den ordengeschmückten Prinzen auf einem Balkon flankierten. Auch das Diner verlief ohne irgendwelche peinlichen Fehler. Zu bemängeln wäre allenfalls gewesen, daß er sehr ernst, ja düster dreinschaute.

Doch hatte das mit Sicherheit andere Gründe als etwa die Sorge, sich vielleicht nicht immer ganz korrekt zu benehmen. Er hatte bereits schwerwiegende und folgenschwere Entscheidungen treffen müssen, wobei nicht alles zum besten lief. Auch war er von Natur ernst, ja er neigte zu Melancholie. Und sicher haben ihn die zahlreichen Briefe, in denen ihm ein gewaltsamer Tod angedroht wurde, nicht gerade erheitert. Später tat er so, als könne er die Drohungen ignorieren. Aber am Anfang war das anders. Da hat er einmal ein Gerücht bitter ernst genommen. Es hieß, im Zug solle er überfallen und ermordet werden. Gegen den Widerspruch der ihn begleitenden Offiziere wählte er eine andere Zugverbindung und ließ das Empfangskomitee am Zielbahnhof vergeblich auf ihn warten. Das brachte ihm den Ruf ein, ein »verdammter Feigling« zu sein.

Heute sind diese Vorurteile, die seinen Start so außerordentlich erschwerten, vergessen. Heute gilt er – und das mit Recht – als eine der sympathischsten und erfolgreichsten Gestalten der Weltgeschichte.

Wer war's?

Seine Mutter galt als Hexe

Nicht erst heute, da fast jeder zumindest seinen Namen kennt, weiß man, daß er zu den ganz Großen gehörte, die nicht nur die Wissenschaft, sondern unser gesamtes Denken entscheidend vorangetrieben haben. Auch schon zu seiner Zeit hatte er einen großen Ruf. Am kaiserlichen Hof des »Heiligen Römischen Reiches Deutscher Nation« bekleidete er über viele Jahre hin einen der wichtigsten und einflußreichsten Posten. Nicht nur der Kaiser und sein Hof, sondern die Gelehrten Europas hörten auf ihn.

Trotz seines großen Ansehens aber, trotz seiner hohen Stellung und seiner weitreichenden Beziehungen mußte dieser bedeutende Gelehrte sechs Jahre lang einen schweren Kampf um das Leben seiner Mutter führen: Sie war als Hexe angeklagt und sollte verbrannt werden.

Wie immer in solchen Fällen hatten auch hier geringste Anschuldigungen genügt. Eine benachbarte Glasersfrau hatte ein Unterleibsleiden. Weil keinem Arzt die Heilung gelangt, sprach man von Verhexung. Und da die Glasersfrau irgendwann bei der alten Frau einen Becher Wein bekommen hatte, war das natürlich ein Hexentrunk gewesen.

Von einer Verhexung aber konnte man nur durch jene Person geheilt werden, die die Verhexung bewirkt hatte. Eben das forderte die Glasersfrau von der Alten. Auch der Gemeinderat forderte das. Da aber griff der Sohn ein. Er schrieb dem Rat, die Verfolger seiner Mutter seien offenbar vom Teufel aufgehetzt. Und er verlangte Einsicht in alle Akten. Als das Verfahren trotzdem nicht eingestellt wurde und das Leben der Mutter gefährdet blieb, obwohl ihr Schwiegersohn dort Pfarrer war, holte er die Mutter zu sich.

Doch das war nicht ungefährlich. Denn wenn eine Frau, die als Hexe verdächtigt wurde, den Wohnort wechselte, konnte das als Schuldbeweis gelten. So stand es im »Hexenhammer«, dem Handbuch für die Hexenverfolgung. Deswegen bemühte sich der Sohn nachträglich für seine Mutter um eine Umzugsgenehmigung, die er dann auch erhielt.

Nach einigen Monaten jedoch bekam die alte Frau Heimweh, und da sie und ihr Sohn meinten, der Hexenwahn habe sich inzwischen gelegt, fuhr sie in die Heimat zurück. Um sicherer zu sein, wohnte sie nun bei ihrer Tochter und deren Mann im Pfarrhaus.

Aber die Verfolger sammelten wieder belastendes Material. Ein junges Mädchen hatte, als es der Alten begegnete, im Arm einen Stich verspürt. Einem Nachbarn starb plötzlich ein Kalb. Ein anderes junges Mädchen fühlte sich von einem zudringlichen Teufel geplagt. Irgendwer hatte die alte Frau durch eine verschlossene Tür gehen sehen. Und dann starben in der Gemeinde zwei Kinder.

Für alles Unglück wurde die alte Frau verantwortlich gemacht. Man verhaftete sie und legte sie in Ketten.

Wieder schaltete der Sohn sich ein. Es gelang ihm, daß die Folter aufgeschoben wurde. Wenn schon die belastenden Zeugenaussagen nicht bewiesen werden mußten, so bedurfte es doch für einen Schuldspruch und für die Verbrennung eines Geständnisses. Mit Hilfe der bewährten Folterungen war es allerdings kein Problem, von den als Hexen angeklagten Frauen und Mädchen Geständnisse zu bekommen. Viele gestanden bereits, wenn man ihnen die Folterwerkzeuge nur zeigte und ihnen die Wirkung schilderte.

Dieses Androhen der Folter in der Folterkammer war die sogenannte Territio, eine seelische Folter. Mit dieser milden Form begnügte man sich in diesem Fall, weil es dem Sohn gelang, von der juristischen Fakultät der Universität Tübingen eine entsprechende Empfehlung zu bekommen.

Er hatte dargelegt, daß seine Mutter ein schweres Leben gehabt hatte; ihr Mann hatte sie schlecht behandelt und sie schließlich gar verlassen. So sei sie, die die Kinder allein habe durchbringen müssen, hart und rechthaberisch geworden und habe mit Nachbarn und sogar mit der Obrigkeit oft Streit gehabt. Er beschrieb sie als »klein, mager, von schwärzlich-brauner Gesichtsfarbe, klatschsüchtig und zänkisch ...« Und so sei sie schließlich in den Verdacht geraten, eine Hexe zu sein.

Der große Gelehrte hätte nicht etwa den Glauben an die Hexen als Wahn abtun können. Die Hexenverfolger konnten sich auf eine päpstliche Bulle stützen. Und Experten hatten Gutachten gemacht. In einem, das der magiekundige Benediktiner-Abt Trithemius angefertigt hatte, hieß es:

»Ein verabscheuungswürdiges Geschlecht ist das der Zauberer, besonders der weiblichen unter ihnen, die durch die Hilfe böser Geister oder durch Zaubertränke dem menschlichen Geschlecht unabsehbaren Schaden zufügen ... Meistens machen sie die Menschen besessen und lassen sie von den Dämonen mit unerhörten Schmerzen martern. Ja, sie pflegen sogar fleischlichen Verkehr mit den Dämonen ... Leider ist die Zahl solcher Hexen in jedem Landesteil sehr groß, und selbst im kleinsten Ort findet man noch eine Hexe ... Es sterben Menschen und Vieh durch die Schlechtigkeit dieser Weiber, und niemand denkt daran, daß dies von den Hexen kommt. Viele Menschen leiden an den schwersten Krankheiten und wissen nicht, daß sie verhext sind ...«

Während der Androhung der Folter blieb die alte Frau standhaft, obgleich sie selber ja nicht wußte, daß es bei der Androhung bleiben würde. »Sie hat gesagt«, heißt es im Protokoll, »man mache mit ihr, was man wolle, und wenn man ihr auch jede Ader aus dem Leibe herausziehen würde, so wüßte sie doch nichts zu bekennen ... Gott werde nach ihrem Tod offenbaren, daß ihr Unrecht und Gewalt geschehen ...« Da ließ man sie frei. Vierzehn Monate hatte sie in Ketten gelegen! Ein halbes Jahr später ist die alte Frau gestorben.

Wieder neun Jahre später – im Jahr 1630 – starb auch ihr berühmter Sohn, und zwar in Regensburg, wo er den Reichstag besuchen wollte. Auf diesem Reichstag klagten hilfesuchende Flüchtlinge aus Bamberg dem Kaiser, daß allein in den Fürstbistümern Bamberg und Würzburg nach einer Reihe von Hexenprozessen mehr als zweitausend Menschen verbrannt worden waren ...

Wer war's?

Geboren in einer Garderobe

Er hatte es überaus eilig, auf die Welt zu kommen. Seit der Hochzeit seiner Eltern waren erst siebeneinhalb Monate vergangen, da war er schon da – rothaarig, mit einer Stupsnase und leicht hervortretenden Augen. Um den Ruf der Mutter nicht unnötig aufs Spiel zu setzen, wurde der Geburtsanzeige, die nichts von »dankbarer Freude« oder ähnlichem berichtete, sondern nur Datum, Ort, Namen der Mutter und »ein Sohn« angab, das Wort »vorzeitig« hinzugesetzt.

Daß das keine Ausrede und die Geburt tatsächlich zu früh und zumindest gänzlich überraschend gekommen war, dafür gab es viele Zeugen, und zwar aus der ersten Gesellschaft. Denn die Geburt war während eines Balls erfolgt, an dem die junge Frau unbedingt hatte teilnehmen wollen, obwohl ihre Ärzte ihr davon abgeraten hatten. Still zu Hause sitzen zu bleiben, wenn andere tanzten und sich umschwärmen ließen, das brachte sie nicht gut fertig. Dazu war sie zu lebenslustig. Und wohl auch zu jung – wenngleich sie nicht, wie es hieß und was auch der Sohn später glaubte, erst zwanzig war, sondern vierundzwanzig.

Sie stammte aus Amerika; eine ihrer Urgroßmütter war eine Indianerin gewesen, eine Irokesin. Ihr Vater, der sie nach der bekanntesten und beliebtesten Sängerin jener Zeit nannte, verstand es, Millionen zu verdienen und im Handumdrehen Millionen zu verspekulieren. Immer jedoch blieb er ein schwerreicher Mann. Also konnten Frau und Tochter es sich erlauben, statt in New York, wo er seine Geschäfte machte, in Paris zu leben, wo sie auf Bällen und Banketten Napoleons III. und der schönen Eugenie gern gesehen waren.

Als das Kaiserreich unter dem siegreichen Vormarsch der Deutschen zusammenbrach, gingen die Damen vorübergehend in ein anderes Land. Und dort, bei einer Segelregatta, lernte die junge Amerikanerin ihren künftigen Mann kennen, den 23jährigen Sohn eines Herzogs, der nur 48 Stunden nach jener ersten Begegnung seinen Vater mit der Nachricht überraschte, die Dame unverzüglich heiraten zu wollen. Etwa acht Monate mußte dann doch noch gewartet werden, bis in Paris die Hochzeit stattfand, wohin die Damen inzwischen zurückgekehrt waren und wo sie eines Tages Stapel weißen Porzellans mit dem goldenen »N« und der Kaiserkrone darüber – das Staatsservice Napoleons III. – ersteigert hatten, das die Tochter dann (unter anderem) mit in die Ehe brachte und später ihrem Sohn vermachte, der es eben jetzt, mitten auf dem Ball, so furchtbar eilig hatte. Und eilig hatte es notgedrungen nun auch die junge Frau. So schnell es ihr möglich war, lief sie durch die endlos scheinenden Zimmerfluchten des Schlosses, über lange Korridore, durch die riesige Bibliothek ihrem Schlafzimmer entgegen. Aber bis dahin schaffte sie es nicht mehr, sondern nur bis zu einem kleinen Raum, der an dem Abend als Damengarderobe diente. Und dort, mitten zwischen Mänteln, samtenen Umhängen und Federboas kam – »höchst unkonventionell«, bemerkte die Schwieger- respektive Großmama – der Sohn zur Welt, die er einige Jahrzehnte später entscheidend beeinflussen und erst viele Jahrzehnte später, also keineswegs so eilig, wie er gekommen war, wieder verlassen sollte.

Wer war's?

»Wir irren allesamt...«

Daß dies der Anfang vom Ende war, hat der 55jährige nicht im entferntesten geahnt. Heimkehrend von einem längeren Aufenthalt auf dem Lande, bei kaltem, regnerischem Herbstwetter auf einem offenen Milchwagen, schien er sich lediglich heftig erkältet zu haben. Da er Krankheiten nie übermäßig viel Beachtung schenkte, war ein Arzt erst herbeigerufen worden, als es schon ziemlich schlimm geworden war. Der Arzt fand ihn – so berichtete er später – »mit den bedenklichsten Symptomen einer Lungenentzündung behaftet an; sein Gesicht glühte, er spuckte Blut, die Respiration drohte mit Erstickungsgefahr, und der schmerzliche Seitenstich gestattete nur eine quälende Rückenlage...«

Es gelang, dem Kranken Linderung zu verschaffen, ja ihn – so schien es jedenfalls – auf den Weg der Heilung zu bringen; »am siebenten Tage fühlte er sich so erträglich wohl, daß er aufstehen, herumgehen, lesen und schreiben konnte«. Aber schon am nächsten Tag bot sich dem Arzt ein ganz anderes Bild.

Er fand seinen Patienten »verstört, am ganzen Körper gelbsüchtig; ein schreckbarer Brechdurchfall drohte ihn die verflossene Nacht zu töten... Zitternd und bebend krümmte er sich vor Schmerzen, die in der Leber und den Gedärmen wüteten, und seine bisher nur mäßig aufgedunsenen Füße waren mächtig geschwollen. Von diesem Zeitpunkt an entwickelte sich die Wassersucht; die Aussonderung wurde sparsamer, die Leber bot deutliche Spuren von harten Knoten, die Gelbsucht stieg...«

Die Krankheit, berichtete der Arzt, »rückte mit Riesenschritten vorwärts. Schon in der dritten Woche stellten sich nächtliche Erstickungsanfälle ein; das enorme Volumen der Wasseransammlung forderte schnelle Hilfe, und ich fand mich bemüßigt, den Bauchstich vorzuschlagen, um dadurch der plötzlichen Berstungsgefahr vorzubeugen.«

Jahrzehnte später ist jenem Arzt vorgeworfen worden, die Krankheit zu spät erkannt zu haben; »als ein Opfer der abscheulichsten Niederträchtigkeit und Unwissenheit« sei der Patient »wenigstens zehn Jahre zu früh ins Grab gegangen.« Heute gilt es als sicher, daß die eigentliche Krankheit eine Leberzirrhose war, die plötzlich zum offenen Ausbruch kam und gegen die ohnehin nichts geholfen hätte. Erleichterung brachten dem Kranken die mehrmals erforderlichen Punktionen.

Obwohl die Krankheit ihn ans Bett fesselte und ihn immer mehr schwächte, war er selber voller Hoffnung, bald wieder gesund zu sein. Zum besten hatte es mit seiner Gesundheit schließlich nie gestanden. Seit seiner Jugend litt er an heftigen, immer wiederkehrenden Magen-Darm-Katarrhen. Noch bevor er dreißig Jahre alt war, traf ihn eine unheilbare Krankheit, ein Schicksalsschlag, der das Ende seiner Laufbahn hätte bringen können, den er aber überwand – mit dem »Mut, auch bei allen Schwächen des Körpers den Geist herrschen zu lassen«.

Was ihn jetzt besonders störte, war die ihm empfohlene Diät. »Keinen Wein, keinen Kaffee«, hatte der Arzt ihm gesagt. Er hatte immer eine Vorliebe für gute Mahlzeiten gehabt, besonders für Delikatessen, trank gerne Wein und starken Kaffee – auf die Tasse kamen (er zählte das genau ab) sechzig Bohnen. Jetzt mußte sein Bruder ihn trösten: »Je einfacher man lebt, desto gesünder ... Newton, Voltaire, Rousseau lebten im Alter einfach ... Von einem Huhn mit Reis täglich lebte Newton viele Jahre.«

Nicht nur die Diät mißfiel ihm. »Ich hörte heute«, sagte ihm ein junger Freund, »daß dich die Wanzen so sehr quälen und beunruhigen, daß du alle Augenblicke aus dem Schlaf geweckt wirst, da doch der Schlaf für dich gut ist; ich werde dir daher etwas bringen, um die Wanzen zu vertreiben.«

Er las viel in den letzten dreieinhalb Monaten. Auch entwarf er Ideen für große Werke, die er noch schaffen wollte. Aber zum eigentlichen Arbeiten kam er nicht: »Ich habe noch vieles schreiben wollen«, sagte er, »nun, dazu komme ich nicht mehr, und überhaupt, solange ich krank bin, arbeite ich nichts…, denn dazu muß ich aufgelegt sein.« Nur eines vollendete er noch, ein kleines Werk, dem ein Spruch Lichtenbergs zugrunde lag: »Wir irren allesamt, nur jeder irret anders.«
Geirrt hatten auch die Ärzte – dem ersten war bald ein zweiter hinzugezogen worden –, als sie glaubten, ihm noch wirklich helfen zu können. Allmählich schwand ihre Zuversicht. Deswegen erlaubten sie ihm, zu trinken, worauf er Lust habe. Rheinwein, den er so gerne trank, werde ihm guttun, sagten sie. Da bat er seinen Verleger: »Nun komme ich mit einer sehr bedeutenden Bitte. Mein Arzt verordnet mir, sehr guten alten Rheinwein zu trinken. So etwas hier unverfälscht zu erhalten, ist um das teuerste Geld nicht möglich. Wenn ich also eine kleine Anzahl Bouteillen erhielt, …«
Nach gut zwei Wochen erhielt er die Antwort: »Um Ihrem geäußerten Wunsch so schnell als möglich nachzukommen, so haben wir einem unserer sehr guten Freunde einen kostbaren Rüdesheimer Berg-Wein von 1806, und von demselben selbst gezogen und ganz rein erhalten, für Ihnen gewählt und … 12 Bouteillen per Fuhrgelegenheit an Ihnen abgesandt…«
Mit der Post hatten sie noch zwei Flaschen Kräuterwein geschickt, den sie als erprobte Arznei gegen die Wassersucht empfahlen. Er erhielt ihn zwei Tage vor seinem Tode. Als er die Flaschen sah – man flößte ihm noch davon ein –, sagte er nur: »Schade! Schade! Zu spät!« Das sollen seine letzten Worte gewesen sein. Am Nachmittag des übernächsten Tages tat er – inzwischen 56 Jahre alt – seinen letzten Atemzug. Als man ihn zu Grabe trug, folgten seinem Sarg zwanzigtausend Menschen.

Wer war's?

Fünf Jahre als Sklave in Algier

Weil er in einem Zweikampf seinen Gegner verwundet hatte, war gegen ihn ein königlicher Haftbefehl erlassen worden – mit der Androhung, ihm bei seiner Ergreifung die rechte Hand abzuschlagen. Deswegen verließ er, 22 Jahre alt, sein Land und ging nach Italien, zunächst als Kämmerer eines Kardinals, später trat er in den Dienst spanischer Truppen, die in Neapel stationiert waren. Dorthin folgte ihm auch sein Bruder.

Schon zu jener Zeit war die Welt gespalten. Christen und Moslems bekriegten einander als Todfeinde. Mit seiner Truppe kam er in einer der berühmtesten Seeschlachten der Weltgeschichte, in der die Christen über die Türken siegten, zum Einsatz. Im Gefecht zeichnete er sich aus, wurde mehrfach verwundet, und auch in späteren Einsätzen fiel er wieder als besonders tapfer auf. So wurde er eines Tages, ausgestattet mit Empfehlungsschreiben seiner höchsten Vorgesetzten, in die Hauptstadt zum König geschickt, um von ihm geehrt und befördert zu werden. Aber auf dem Weg dorthin wurde das Schiff, auf dem er und sein Bruder fuhren, von türkischen Galeeren aufgebracht; beide kamen als Sklaven nach Algier.

Die bei ihm gefundenen Empfehlungsschreiben ließen vermuten, daß man mit ihm einen guten Fang gemacht hatte, und so hofften seine neuen Herren für ihn und seinen Bruder auf ein nicht unbeträchtliches Lösegeld. Während die Brüder in Ketten lagen, wurde einer ihrer Freunde losgekauft; der brachte ihrem Vater Nachricht. Der Vater verkaufte sofort seinen gesamten Besitz, auch die Mitgift seiner Töchter, und schickte den Erlös nach Algier. Doch gab man ihm dafür nur einen der Söhne frei,

den Bruder. Für den anderen sollten noch einmal 500 Goldtaler gezahlt werden.
Während der Vater sich bemühte, das geforderte Lösegeld aufzubringen, indem er Freunde und schließlich auch den König um Hilfe bat, wagte der Gefangene mehrmals Fluchtversuche. Immer aber wurde er wieder gefangen. Wenn man ihn dafür nicht, wie es sonst üblich war, mit dem Abschneiden von Nase und Ohren bestrafte, lag das nur daran, daß man noch auf das hohe Lösegeld hoffte. Tatsächlich wurde es auch schließlich aufgebracht, doch hatte der Vater dafür lange Zeit gebraucht: Als der Gefangene endlich freigegeben wurde, waren seit dem Überfall auf sein Schiff fünf Jahre vergangen!
Er aber meinte, seinen Weg genau da wieder aufnehmen zu können, wo er damals unterbrochen worden war. Und so ging er zum König – in der Hoffnung, daß ihm jetzt endlich Anerkennung und Beförderung zuteil würden. Aber der König speiste ihn mit ein paar Dukaten ab. Von einer Beförderung war wohl vor allem deswegen nicht mehr die Rede, weil er infolge einer Verwundung eine verstümmelte Hand hatte und deswegen für den Kriegsdienst nur noch bedingt tauglich schien. Auch brauchte der König jetzt nicht mehr so viel Soldaten.
Das war die erste Enttäuschung in einer langen Reihe. Die größte, die ihm noch dazu ungeheuren Schaden brachte, kam einige Jahre später. Inzwischen hatte er sich mit schriftstellerischer Tätigkeit, die er aber immer nur nebenher ausüben konnte, einen Namen gemacht. Geschrieben hatte er schon während seiner Gefangenschaft – Erzählungen, Novellen, Romane, auch Komödien. Es dauerte sehr lange, bis ihm das Schreiben finanziellen Gewinn brachte. Selbst als er mit dem ersten Teil eines Romans, der sich großartig verkaufte, schlagartig berühmt wurde, bis heute hin, kam er aus der materiellen Bedrängnis nicht heraus. Zu seiner Zeit war geistiges Eigentum kaum geschützt. Überall erschienen Raubdrucke, er selber verdiente nur wenig. Das schlimmste aber war, daß ein zweiter Band seines Erfolgs-

romans erschien, der gar nicht von ihm stammte, sondern eines der gemeinsten Plagiate der Weltliteratur war. Nicht nur, daß der Plagiator, den die Literaturwissenschaft bis heute nicht identifizieren konnte, mit jenem zweiten Band, der die Gestalten des ersten übernahm und die Erzählung einfach weiterspann, den Erfolg des ersten Bandes für sich ausnutzte – schlimmer war, daß er den Autor des ersten Bandes in gemeinster Weise angriff. Von dem wahren Autor hieß es da, er habe in Gefängnissen gesessen und er habe keine Ehrfurcht vor dem Priestertum und der Kirche. Das hat ihm außerordentlich geschadet.

Persönlich verletzt indessen fühlte er sich durch etwas anderes: Der Plagiator hatte ihn wegen seiner verstümmelten Hand verspottet, wobei er natürlich verschwieg, daß es sich um eine Kriegsverletzung handelte. Vor allem darauf ging er im Vorwort seines eigenen zweiten Bandes ein, der ein Jahr später herauskam:

»Du möchtest wohl«, sprach er da den Leser an, »daß ich ihn« – den Plagiator – »mit Beinamen wie Esel, verrückter Kerl, frecher Bursch belege, aber das kommt mir nicht in den Sinn. Mag seine Sünde über sein eigen Haupt kommen . . . Was ich jedoch nicht umhinkonnte als Kränkung zu empfinden, ist, daß er mich ob meines Alters und meiner verstümmelten Hand schmäht, als ob es in meiner Gewalt gewesen wäre, die Zeit zurückzuhalten, daß sie über mich nicht hinwegschreite; und als ob meine Verstümmelung mir in irgendwelcher Kneipe zugekommen wäre und nicht vielmehr bei dem erhabensten Begebnis, welches die vergangenen und jetzigen Zeiten erlebt haben und die künftigen jemals hoffen können zu erleben. Wenn auch meine Wunden nicht dem in die Augen glänzen, der sie anschaut, so haben sie wenigstens in der Achtung dessen ihren Wert, der da weiß, wo sie mir geschlagen wurden; denn einen schöneren Anblick bietet der Soldat, der in der Schlacht gefallen, als der Freiheit gewinnt auf der Flucht. Und diese

Denkart steht so fest in mir, daß, wenn man mir heute das Unmögliche vorschlüge und möglich machte, ich dennoch vorzöge, an jener wunderherrlichen Waffentat teilgenommen zu haben, als jetzt von meinen Wunden heil zu sein und nicht daran teilgenommen zu haben …«

Wer war's?

»Ich blieb auf dem Lager der Schmerzen«

Endlich war es soweit. Nach neunjähriger Ehe, die tatsächlich allerdings nie eine Ehe gewesen ist und deswegen in diesem entscheidenden Punkt ohne das so sehr ersehnte Ergebnis geblieben war (der Ehemann spielte lieber mit Puppen), nach einem Verhältnis mit einem Frauenhelden und zwei Fehlgeburten brachte sie jetzt einen Sohn zur Welt. Damit hatte sie gewissermaßen ihre Aufgabe erfüllt, für die man sie in das fremde Land geholt hatte. Sie selber aber schien nun nicht mehr wichtig zu sein. Sofort nach der Geburt ließ die Tante ihres Mannes ihr den Sohn wegnehmen, während sich um die junge Mutter niemand mehr kümmerte. Der Mann hatte sich nur kurz blicken lassen und war dann wieder gegangen, um mit seinen Freunden zu trinken. Die Hebamme hatte das Kind hinausgetragen und war nicht zurückgekommen; einen Arzt hatte man nicht hinzugezogen. »Ich blieb auf dem Lager der Schmerzen«, schrieb sie später. Und als endlich eine ihrer Frauen nach ihr sah, waren seit der Geburt mehr als drei Stunden vergangen.

»Ich hatte stark geschwitzt und bat sie, meine Wäsche zu wechseln und mich ins Bett zu geleiten. Sie erklärte, sie wage nicht, das zu tun. Sie schickte mehrmals nach der Hebamme, doch diese kam nicht. Ich verlangte zu trinken, doch immer erhielt ich die nämliche Antwort.«

Nach weiteren drei Stunden kam Madame S., eine andere ihrer Frauen, die bei der Geburt zugegen gewesen war. »Als sie mich noch an derselben Stelle liegen sah, wie sie mich verlassen, schrie sie laut auf und erklärte, man werde mich auf diese Art töten. Dies war sehr tröstlich für mich, nachdem ich seit dem Moment meiner Niederkunft schon in Tränen gebadet gewesen, verlassen wie ich war, auf einem schlechten, unbequemen Lager, nach heftigen, schmerzhaften Geburtswehen, zwischen Türen und Fenstern, die schlecht schlossen, ohne daß jemand es wagte, mich in mein nur zwei Schritte entferntes Bett zu tragen, ohne daß ich selbst die Kraft hätte, mich hinzuschleppen... Diese Vergeßlichkeit oder Gleichgültigkeit war zumindest nicht sehr schmeichelhaft für mich. Ich verschmachtete vor Durst. Endlich brachte man mich in mein Bett. Dann sah ich den ganzen Tag keine lebende Seele mehr, ebensowenig erkundigte man sich nach meinem Befinden...«

»Den nächsten Tag hatte ich unerträgliche rheumatische Schmerzen, die von der Hüfte an meinem linken Bein hinunterzogen. Ich konnte dadurch nicht schlafen und bekam obendrein ein hitziges Fieber. Trotzdem bekümmerte man sich nicht mehr um mich als vorher. Niemand fragte nach mir...«

Ihr Mann kam auch an diesem Tag nur für einen Augenblick in ihr Zimmer, eigentlich nur um zu sagen, daß er keine Zeit habe. Den Sohn bekam sie gar nicht zu sehen; er blieb bei der Tante. Auch als er am sechsten Tag getauft wurde, hatte man ihn ihr noch nicht ein einziges Mal wieder gezeigt – »ich konnte nur heimliche Nachricht über ihn erhalten«.

Erst nach vierzig Tagen ließ man sie das Kind sehen! »Man hatte meinen Sohn in mein Zimmer gebracht, den ich jetzt zum ersten Mal seit seiner Geburt sah. Ich fand ihn sehr schön, und sein Anblick heiterte mich auf...«

Vor allem diese vierzig Tage nach der Geburt ihres Sohnes haben sie in dem Entschluß bestärkt, künftig nicht mehr eine derart untergeordnete Rolle zu spielen, in die sie sich mehr als zehn Jahre lang hatte drängen lassen. Zugleich aber war ihr klargeworden, daß sie weder auf ihren Mann noch auf dessen Tante rechnen konnte, sondern daß sie ihren Weg allein gehen mußte, ihren Weg nach oben. Sie hat ihren Entschluß durchgesetzt.

Jahre später ließ sie es zu, daß ihr Mann ermordet wurde...

Wer war's?

Gäste brachten ihn aus dem Gleichgewicht

Als er fast dreißig Jahre alt war, dachte er zum erstenmal ernsthaft ans Heiraten. Bei seinen Überlegungen ging es ihm nicht so sehr um die Frage, ob er das junge Mädchen, das er kennengelernt hatte und das – eine Schülerin Chopins – so hervorragend Klavier spielte, auch wirklich liebe, sondern um das Problem der Zeiteinteilung. Er fragte sich, ob eine Frau und Kinder ihm für seine Arbeit genügend Zeit und Kraft lassen würden. Mit geradezu wissenschaftlicher Akribie wog er das Für und Wider gegeneinander ab:

»Kinder (wenn es Gott gefällt), dauernde Gefährten (Freude im hohen Alter), die sich für uns interessieren und die wir lieben und mit welchen wir spielen, sicherlich besser als ein Hund. Ein Heim und jemand, der das Haus besorgt. Das Anziehende von Musik und weiblichem Geplauder. Diese Dinge sind gut für die Gesundheit. – Auf der anderen Seite: schrecklicher Zeitverlust und, wenn viele Kinder, gezwungen zu sein, sein Brot zu verdienen.

Falls ich morgen heiraten sollte: Welche Mühe und Kosten, ein Haus zu erwerben und zu möblieren. Wie wäre es möglich, meiner Arbeit nachzugehen, wenn ich gezwungen wäre, täglich mit meiner Frau spazierenzugehen? Ich würde die französische Sprache nicht erlernen, den Kontinent nicht sehen, Amerika nicht besuchen und nie in einem Ballon aufsteigen können ...

Vorzüge: Frei zu sein, um zu reisen, Gespräche mit klugen Männern in den Klubs, aber es ist schlecht für die Gesundheit, so viel zu arbeiten. Was nützt es zu arbeiten ohne die Sympathie naher und lieber Freunde? Wer sind die nahen und lieben Freunde außer den Verwandten? Mein Gott, es ist unerträglich, daran zu

denken, sein ganzes Leben als Arbeitsbiene zu verbringen, nur Arbeit und nichts danach ...«
Er war nicht etwa arbeitsscheu. Im Gegenteil. Er hat sehr viel und sehr angestrengt und dabei gern gearbeitet. Als er sich jetzt entschloß zu heiraten, weil ihm die Vorzüge eines Familienlebens schließlich doch zu überwiegen schienen, da hatte er nicht nur ein volles theologisches Studium hinter sich, sondern dazu eine fast fünfjährige Forschungsreise, über deren Ergebnisse er bereits eine bedeutende Arbeit veröffentlicht hatte. Nicht in der Theologie, sondern in den Naturwissenschaften, für die er sich so leidenschaftlich interessierte, machte er sich einen Namen. Und weil ihm sein Forschungsgebiet unendlich schien und er voller revolutionierender Ideen steckte, wollte er die Zeit möglichst nutzen. Er wußte, daß ihm das nur mit Hilfe eines streng eingehaltenen Tagesablaufs möglich sein würde – zumal noch etwas Entscheidendes hinzukam: nämlich daß er so leicht ermüdete und daß schon kleinste Unregelmäßigkeiten im täglichen Ablauf von ihm als Belastung empfunden wurden und bei ihm zu völliger Erschöpfung führen konnten.
Seiner Frau wurde das schon sehr bald nach der Hochzeit klar. Sie hatten eine Abendgesellschaft gegeben. Nicht etwa im großen Stil; die Zahl der Gäste – es waren einige Wissenschaftler mit ihren Frauen gewesen – war auf sieben beschränkt geblieben. Ihn aber hatte der Abend derart angestrengt, daß er an den folgenden Tagen nicht arbeiten konnte. Und so war es immer. Wenn sie Gäste hatten oder irgendwo eingeladen waren, oder wenn er wissenschaftliche Gesellschaften besuchte, dann warf ihn das für Tage aus der Bahn.
Deswegen kamen sie überein, auf ein geselliges Leben zu verzichten. Auch aufs Reisen. Und um wirklich Ruhe zu haben, gaben sie ihre Stadtwohnung auf und erwarben in einem kleinen Dorf nicht allzu weit von der Stadt ein Haus mit einem Garten. Vierzig Jahre lebte er dort, und in dieser langen Zeit hat er sein Haus nur selten verlassen. Hier entstanden seine Werke, die sei-

nen Namen um die Welt trugen und die das gesamte Denken der Menschen radikal änderten.

Aber auch noch in der Abgeschiedenheit seines Hauses brachte ihn jede Unregelmäßigkeit im gewohnten Rhythmus mit dem täglich zweimal stattfindenden Gang auf einem extra für ihn angelegten Spazierweg ganz und gar durcheinander. Die kleinste Aufregung ließ wieder seine Krankheit zum Ausbruch kommen, die sich aus einer Reihe von Krankheitserscheinungen zusammensetzte: Kopfschmerzen, Schwächeanfälle, Magenbeschwerden mit häufigem Erbrechen. Dieses Leiden war immerhin so stark, daß er täglich nur vier Stunden arbeiten konnte.

Es war aber andererseits zugleich eine Schutzmauer, die er aufrichtete, um sich vor der Außenwelt und ihren Anforderungen abzuschirmen. Als sein von ihm hochgeschätzter Vater starb – er selber war da 39 Jahre alt – ging er nicht zu dessen Beerdigung; wieder einmal fühlte er sich »nicht wohl genug«.

Über sein Leiden ist viel gerätselt worden. Vermutlich war es psychoneurotischer Art. Daß er schließlich trotzdem so unendlich viel an Arbeit bewältigte, ist zu einem großen Teil seiner Frau zu danken. Immer ist sie mit liebevoller Fürsorge ganz auf ihn eingegangen; die Ehe, aus der zehn Kinder hervorgingen, war sehr glücklich. Das vor allem ermöglichte es ihm, bis unmittelbar vor seinem Tode – er starb im Alter von 71 Jahren – zu arbeiten. Selten hat ein Werk wie das seine so heftige Kontroversen ausgelöst und so weitreichende Wirkungen gehabt.

Wer war's?

Seinen Kritiker auf Pistolen gefordert

In privaten Gesprächen machte er sich oft über solche Politiker lustig, die nicht wußten, daß Lügen zum politischen Handwerk gehörte. Aber obgleich er selber offenbar nicht zu ihnen gezählt werden wollte und tatsächlich mit der Wahrheit oft recht großzügig umging, reagierte er ungemein aggressiv, als seine Wahrheitsliebe einmal öffentlich in Frage gestellt wurde. Dabei geschah das keineswegs in grundsätzlicher, sondern nur in bedingter Form.

Es ging um den Ausbau der Armee. Das Parlament sollte die dafür erforderlichen Gelder bewilligen, und er meinte – was er auch deutlich zu verstehen gab –, das Parlament habe da eigentlich überhaupt nichts hineinzureden, sondern eben einfach zu bewilligen. Indessen hatte ein Ausschuß des Hauses einen Bericht über die Flottenfrage eingereicht, und mit dem Verfasser des Berichts geriet er in Streit. Er hatte im Parlament zu jenem Komplex gesprochen, und nun kritisierte der Verfasser jenes Berichts seine gesamte Politik und bezweifelte obendrein noch seine Wahrheitsliebe. Die Antwort überraschte das ganze Haus:

»Der Referent bemerkt, wenn ich den Bericht wirklich gelesen hätte, so wisse er nicht, was er von meiner Wahrheitsliebe denken solle. Der Herr Referent hat lange genug in der Welt gelebt, um zu wissen, daß er sich damit der technischen und spezialen Wendung gegen mich bedient hat, vermöge deren man einen Streit auf das rein persönliche Gebiet zu werfen pflegt, um denjenigen, gegen den man den Zweifel an seiner Wahrheitsliebe gerichtet hat, zu zwingen, daß er persönliche Genugtuung fordert. Ich frage Sie, meine Herren, wohin soll man mit diesem

Tone kommen. Wollen Sie den politischen Streit zwischen uns auf dem Wege der Horatier und Kuratier erledigen?«
Noch mehr überrascht aber waren die Abgeordneten, als sie später erfuhren, daß es bei dieser Antwort nicht geblieben war, sondern daß er seinem Kritiker in aller Form eine Forderung auf Pistolen hatte überbringen lassen.
Es war eine höchst merkwürdige Situation entstanden. Ein Regierungschef war von einem Abgeordneten kritisiert und, wie er meinte, persönlich beleidigt worden, und um dem Abgeordneten eine tüchtige Lektion zu erteilen oder ihn gar für alle Zeiten zum Schweigen zu bringen, wollte er ihn zu einem Duell zwingen. Viele sahen darin den Versuch, nicht nur diesen einen politischen Gegner, sondern das gesamte Parlament mit Hilfe von Pistolen »auf Vordermann« zu bringen.
Aber merkwürdig erschien die Situation auch noch unter einem anderen Aspekt: Es war ja keineswegs sicher, daß mit diesem Duell der Abgeordnete zum Schweigen gebracht wurde; zwar hätte der Beleidigte den ersten Schuß, doch war das keine Garantie. Man mußte also auch mit der Möglichkeit rechnen, daß der Regierungschef auf dem Platz blieb. Ob nun unter dem Eindruck dieser oder jener Möglichkeit – die Abgeordneten kamen zu der Auffassung, ihr Kollege müsse das Duell ablehnen.
Eine entsprechende Entscheidung war dann allerdings gar nicht mehr nötig. Denn inzwischen war auch der Regierungschef von der Unmöglichkeit dieses Duells überzeugt worden – und zwar von seinem Kriegsminister. So verlief die ganze Geschichte im Sande. Der Regierungschef verzichtete sogar auf eine förmliche Ehrenerklärung seitens des Abgeordneten.
Fast ein Jahr später wurde dennoch auf ihn geschossen, wenngleich unter ganz anderen Umständen, die mit der Duellforderung in gar keinem Zusammenhang standen. Aus unmittelbarer Nähe wurde er dabei von zwei Revolverschüssen getroffen, blieb aber unverletzt. Er scheint das als ein himmlisches Wun-

der, als ein Zeichen seiner Auserwähltheit angesehen zu haben. Doch war das keineswegs die allgemeine Ansicht. Es heißt, daß ein großer Teil, wenn nicht gar die Mehrheit der Bevölkerung das Mißlingen des Attentats bedauert hat. Seine oft rücksichtslose Politik hatte ihn in weiten Kreisen außerordentlich unbeliebt gemacht, mögen auch die vielen Denkmäler, die es heute von ihm gibt, einen ganz anderen Eindruck hervorrufen.

Wer war's?

Tröstungen für die Därme Seiner Majestät

Als König, und zwar als einer der mächtigsten, mußte er mehr als andere auf seine Gesundheit bedacht sein – zumal er sich für ein wirtschaftliches System entschieden hatte, das die Leistungskraft jedes einzelnen im Lande ganz unerbittlich für den Dienst am Staat forderte, an erster Stelle die eigene, die es deswegen mit ganz besonderer Umsicht zu erhalten galt. Daher kam es, daß über den Stand seiner Gesundheit jahrzehntelang mit größter Sorgfalt Buch geführt wurde. Noch heute ist das »Tagebuch über die Gesundheit des Königs« erhalten, das von dreien seiner Leibärzte reihum geführt wurde. Wer es liest, kann nur zu der Überzeugung kommen, daß der König eine außergewöhnlich gute Konstitution gehabt haben muß; andernfalls hätte er der Behandlung seiner Ärzte kaum so lange – er wurde fast 77 Jahre alt – widerstehen können.

Denn in den mehr als sechzig Jahren, über die das Tagebuch Auskunft gibt, bestand die Behandlung im wesentlichen darin, daß man den König zur Ader ließ und ihm Abführmittel und Klistiere eingab, was bei ihm oft zu völliger Erschöpfung führte. Die so erschreckend häufigen Abführungskuren – monatlich mindestens einmal – waren von geradezu fürchterlicher Wirkung. Manchmal purgierte der Patient ganze Nächte lang und war danach im wahrsten Sinne des Wortes restlos ausgepumpt. Aber auch noch zwischen diesen Gewaltkuren gaben die Ärzte »den Därmen Seiner Majestät«, so heißt es im Tagebuch, »kleine erfrischende Tröstungen«.

Letztlich führte die Therapie, der er seit seiner Jugend unterworfen wurde, dazu, daß der König schließlich an chronischer Darmentzündung litt. Dadurch und ja überhaupt schon durch

das ständige Abführen nahm der Körper aus den in immer größeren Mengen aufgenommenen Speisen – denn die Behandlung hatte einen krankhaften Heißhunger zur Folge – gar nicht mehr die erforderlichen Nährwerte auf.
Die so entstehende Schwächung wurde noch wesentlich gefördert durch die häufigen Aderlässe, mit denen alles, was nicht unmittelbar mit der Verdauung zusammenhing – beschleunigter Puls, Fieber, belegte Zunge, Erkältungen – »geheilt« werden sollte. Nach jeder Blutabnahme fühlte der König sich matt und elend; er hatte, wie er sagte, »einen leeren Kopf, und es drehte sich ihm alles vor den Augen«. Manchmal fiel er sogar in Ohnmacht.
Als er einmal einen Aderlaß verweigerte, gelang ihm das nur, indem er dafür auf der anderen Seite nachgab. Sein Arzt trug ins Gesundheitsbuch ein: »Da ich den König nicht zu einem Aderlaß zu bewegen vermochte, bewilligte er mir wenigstens eine Abführkur.« Und als ob der Arzt darüber traurig gewesen sei, fügte er hinzu: »Nachdem der König abgeführt hatte, mußte ich ihn eine Zeitlang in Ruhe lassen.«
Solche Ruhepausen waren selten und nicht von langer Dauer. Denn auch Chirurgen und Zahnärzte waren um die Gesundheit des Königs bemüht. Seine Zähne waren schlecht. Im Alter von 47 Jahren zog man ihm die ganze linke Hälfte der oberen Reihe. Dabei wurde ihm ein Teil des Oberkiefers herausgebrochen, und der Gaumen wurde aufgerissen. Im Gesundheitstagebuch heißt es: »Es hatte sich durch das Zersplittern des Oberkiefers, der mit den Zähnen herausgerissen wurde, am Gaumen ein Loch gebildet, das schließlich vereiterte und aus dem sich zuweilen eine jauchige Flüssigkeit ergoß, wodurch ein sehr schlechter Mundgeruch entstand...« Vor allem aber führte auch diese mißglückte Zahnoperation mit ihren häßlichen Folgen zu weiterer Schwächung des Organismus.
Und wie um den König vollends zu erschöpfen, verordnete ihm einer seiner Ärzte allabendliche Bäder, die zwei Stunden dauer-

ten und nach denen der König unter einem Haufen Daunendekken tüchtig schwitzen mußte. Er aber ließ sich nahezu alles mit unendlicher Geduld gefallen, immer in der Überzeugung – auch das steht im Tagebuch –, es gehe um seine Gesundheit, die er für den Staat erhalten müsse, bis er schließlich, inzwischen zum Skelett abgemagert, zur Überraschung seiner Ärzte einem Brand im Bein erlag.

Wer war's?

»Wozu eine solche Beschimpfung ...«

Zusammen mit einer »Handvoll völlig nichtiger, größtenteils jugendlicher und sittenloser Leute« – so hieß es – war er angeklagt und schuldig befunden worden. Man warf dieser Gruppe von Studenten, Beamten, Lehrern, Offizieren, Schriftstellern und Kleinbürgern vor, versucht zu haben, die bestehende Ordnung zu stürzen. Ihm, der damals 27 Jahre alt war und seit einiger Zeit einen Namen hatte, verübelte man insbesondere, daß er in jenem Kreis einen Brief »voll frecher Ausdrücke gegen Kirche und Staat« vorgelesen hatte. So hatte auch er zur »Verbreitung schädlicher Ideen über die Religion« beigetragen und zur »Erweckung von Haß gegen die Obrigkeit«.

Während seiner Untersuchungshaft schrieb er eine ausführliche Verteidigungsschrift. Darin hieß es: »Man klagt mich an, daß ich über Politik, über den Westen, über die Zensur usw. gesprochen habe. Aber wer spricht denn nicht in unserer Zeit über diese Fragen, wer denkt nicht an sie? Wozu habe ich denn gelernt, warum ist durch das Studium Wißbegierde in mir erweckt worden, wenn ich nicht das Recht haben soll, meine persönliche Ansicht auszusprechen oder mich im Widerspruch zu einer anderen Ansicht zu befinden, welche von vornherein eine Autorität ist? ... Kann man uns nach alledem beschuldigen, uns, denen man einen gewissen Grad von Bildung gegeben, in denen man den Durst nach Kenntnissen und Kultur geweckt hat – kann man uns denn dafür anklagen, daß wir so viel Interesse daran hatten, hie und da über den Westen, über die politischen Ereignisse zu sprechen, die Bücher vom Tage zu lesen ...?«

Im April waren sie verhaftet worden. An einem Tag im Dezember, morgens um sieben Uhr, wurden sie zur Urteilsverlesung aus

ihren Zellen geholt. Sie waren völlig im unklaren, wie die Urteile ausgefallen waren. Viele glaubten an Freispruch. Tatsächlich hatten sie ja bei ihren Zusammenkünften nichts anderes getan als diskutiert.
Draußen standen geschlossene Wagen für sie bereit. Wohin die Fahrt ging, konnten sie nicht sehen, weil die Wagenfenster stark vereist waren und man ihnen verbot, das Eis abzukratzen.
Erst nach ziemlich langer Fahrt hielten die Wagen. Als die Gefangenen ausstiegen, sahen sie sich vor einer Hinrichtungsstätte. Man führte sie auf ein Gerüst und verlas die Urteile. Immer wieder, bei jedem Namen, fiel der Satz: »Verurteilt zur Todesstrafe durch Erschießen!« Zwanzigmal. Sie waren völlig überrascht. »Es kann doch gar nicht sein, daß man uns hinrichtet«, sagte er zu seinem Nebenmann.
Ein Priester forderte die Todeskandidaten zur Beichte auf. Nur einer von ihnen beichtete. Alle aber küßten das dargebotene Kreuz. Danach wurden die ersten drei Verurteilten an Pfähle gebunden. Vor jedem der Pfähle stand ein Offizier mit einem Exekutionskommando. Die Gewehre wurden geladen.
Er sah, daß er noch allenfalls fünf Minuten zu leben haben werde. Er stand an sechster Stelle, so daß er für die Hinrichtung zur zweiten Gruppe gehören mußte. Während er sich von den Mitgefangenen, die neben ihm standen, verabschiedete, setzten Trommelwirbel ein. Alle warteten auf den Feuerbefehl.
Da aber gingen die Soldaten plötzlich zu den angebundenen Verurteilten, machten sie von den Pfählen wieder los und führten sie zu den anderen Gefangenen zurück. Ein Offizier verlas eine Erklärung: Sie alle seien begnadigt, die Todesstrafe sei in Freiheitsstrafen verwandelt worden. Er bekam vier Jahre Zuchthaus.
Erst später erfuhren sie, daß die Sache mit der Todesstrafe eine Farce gewesen war. Todesurteile waren nie gesprochen worden. Man wollte ihnen einen Schrecken einjagen. Man wollte ihnen zeigen, wie klein sie waren. Deswegen hatte man sie dorthin ge-

bracht, einen Priester und Exekutionskommandos kommen lassen. Vorsichtshalber waren die Gewehre mit Platzpatronen geladen.

Keiner von ihnen hat jene zwanzig Minuten auf dem Gerüst wieder vergessen können. Für ihn wurden sie zu einem zentralen Punkt seines dichterischen Werkes:

»Wer sagt, daß die menschliche Natur imstande sei, dies auszuhalten, ohne in Verrücktheit zu verfallen? Wozu eine solche Beschimpfung? ... Ein Mensch, dem man das Todesurteil bereits verlas, den man sich so quälen ließ, .. ein solcher Mensch könnte vielleicht etwas zu erzählen haben! Von dieser Qual und von diesem Entsetzen hat auch Christus gesprochen. Nein, so darf man mit den Menschen nicht umgehen!«

Immer wieder ist er darauf zurückgekommen. Unter immer neuen Aspekten stellte er dar, wie sich ein junger, gesunder Mensch ganz unerwartet dem Tod gegenübersieht...

Wer war's?

Wäsche-Zeichen für deutsche U-Boote

Weil er an einer Lungentuberkulose litt (weswegen er seine Stellung als Lehrer hatte aufgeben müssen), brauchte er nicht Soldat zu werden, obwohl sein Land seit zwei Jahren in einem erbitterten Krieg stand und eigentlich jeder Mann gebraucht wurde. Die Zurückstellung hat den 30jährigen nicht etwa enttäuscht. Im Gegenteil: »Meiner Meinung nach bin ich ein viel zu kostbares Wesen, um mich gratis und zum Spaß einer deutschen Kugel anzubieten«, meinte er, und, etwas allgemeiner: »Dieser Militarismus ist das Ende all dessen, wofür wir leben möchten, er zerstört den Kern unseres Wesens.«
Er wollte für etwas anderes leben. Er fühlte sich als Kämpfer zukünftiger Freiheiten. Aber das hatte ihm und seinem Werk bis dahin nur den Stempel des Obszönen eingebracht. Und im England jener Zeit war ein solches Etikett nicht etwa eine Reklame, sondern fast ein Todesurteil. Für ihn und seine Frau brachte es Jahre bitterster Armut und dazu das Bewußtsein, im eigenen Land verfemt zu sein.
Letzteres wurde noch dadurch verstärkt, daß seine Frau Deutsche war. Sie wohnten in einem Landhaus in Cornwall, direkt an der Küste, wo sie nur wenig Miete zu zahlen brauchten. Weil er auf den Krieg schimpfte und sich über die Kriegspropaganda lustig machte und noch dazu abends mit seiner Frau deutsche Volkslieder sang, kam er den Nachbarn verdächtig vor. Sie meinten – und meldeten das auch der Polizei – er sei ein Spion.
Pflichtgemäß ging die Polizei der Sache nach. Die beiden wurden beobachtet, ihr Haus während ihrer Abwesenheit erbrochen und durchsucht. Obgleich die Beamten nichts fanden, waren sie doch nicht bereit, von dem einmal aufgekommenen Verdacht zu

lassen. Immerhin schien es ihnen nicht unmöglich, daß die Frau, wenn sie im Garten Wäsche aufhängte (was sie tatsächlich tat), auf solchem Wege deutschen U-Booten, die man vor der Küste vermutete, irgendwelche Nachrichten zukommen ließ. Um auf gar keinen Fall ein Risiko einzugehen, gab die zuständige Militärbehörde den beiden die Anweisung, Cornwall zu verlassen.

Diese Geschichte hat ihn tief verletzt. Er hatte das Gefühl, so schrieb er später, »man habe ihn umgebracht«; er »hatte immer an alles so sehr geglaubt, an die Gemeinschaft, an die Liebe, an die Freundschaft. Dies war einer der Augenblicke, in denen der Glaube stirbt.«

Sie gingen nach London, zu Freunden. Auch da wurden sie noch von der Polizei beobachtet. Er fühlte sich nun völlig als Außenseiter und Fremdling. Und seine Unduldsamkeit der Welt und seinen Mitmenschen gegenüber wurde immer schroffer. Immer häufiger und heftiger geriet er auch mit Freunden in Streit, und sogar seine Frau war vor seinen oft maßlosen Wutanfällen nicht mehr sicher. Oft behandelte er sie mit kaum vorstellbarer Brutalität. »Er schlug sie«, heißt es in dem Brief einer Augenzeugin, »er schlug sie, als ob er sie umbringen wollte – auf das Herz, das Gesicht, die Brust; er raufte ihr das Haar aus... Ich werde nie vergessen, wie er aussah. Er war so weiß – fast grün, und er schlug auf die große, üppige Frau ein.«

Kennengelernt hatte sie ihn, als sie noch mit einem seiner ehemaligen Lehrer verheiratet gewesen war, einem englischen Professor, mit dem sie drei Kinder hatte. Ohne zu zögern, war sie mit ihm durchgebrannt.

Nach dem Krieg verließen sie England, das ihm so zuwider geworden war. Sie gingen nach Italien, Sizilien, dann nach Australien, Mexiko, zurück nach Europa, wieder nach Mexiko, Amerika und schließlich wieder nach Europa. Und in fast all diesen Jahren ruheloser Wanderschaft waren sie arm und auf die Hilfe von Freunden angewiesen, obgleich er ständig arbeitete. Als seine Arbeit endlich doch soviel einbrachte, daß sie ganz gut

leben konnten, da hatte seine Krankheit ihn inzwischen in die Nähe des Todes gebracht. Und er wußte es.
In diesen letzten Jahren schrieb er jenen Roman, dessen ungekürzte Ausgabe noch in unserem sexfreudigen Zeitalter – dreißig Jahre nach seinem Tode – Stürme der Entrüstung auslöste. Allerdings noch mehr Zustimmung.

Wer war's?

Weil er am Sonntag eingeliefert wurde ...

Daß er in einer »Irrenanstalt« starb, wird in der neuen Brockhaus Enzyklopädie nicht mehr gesagt. Mußte die Redaktion kürzen? Ist ihr diese Tatsache nicht mehr wichtig? Oder will sie ihre Leser vor dem zwar naheliegenden, aber nicht zwingenden Schluß bewahren, daß er geisteskrank gewesen sein muß? Dies galt lange als unbestritten und wird weithin noch heute so gesehen.

Aber in den Jahren zwischen der 17. und 18. Auflage der Brockhaus Enzyklopädie, gut ein Jahrhundert nach seinem Tod in der Irrenanstalt, spürte ein hartnäckiger Biograph die Krankenpapiere auf, die bis dahin so gut wie unberührt in einem Archiv gelegen hatten, weil sie zur Einsicht nicht freigegeben waren. Mit ihnen kamen einige Überraschungen ans Licht.

Da ist zunächst das »Ärztliche Zeugnis«, unterschrieben von drei Fachkollegen: »Unterfertigte bestätigen hiermit, daß der N. N. seit 3 Wochen mit einer dahin gehenden Störung seines Gemüthslebens behaftet ist, welche einer Seits die Entfernung von seiner gewohnten Umgebung und aus seiner Berufsthätigkeit, andererseits eine geeignete Aufsichtigung und ärztliche Behandlung in sich schließt; – was in einer Anstalt für Gemüthskranke am sichersten erreicht werden kann: – daher die Unterfertigten für dessen Unterbringung in der ... Staats-Irrenanstalt einrathen.«

Auffallend ist, daß dieses Zeugnis, mit dem er in die Landes- (nicht Staats-)Irrenanstalt eingewiesen wurde, nicht einmal die Andeutung einer Diagnose enthielt. Es war übrigens eine andere Anstalt als bisher angenommen, in die er kam und die er offenbar nicht kannte. Er wußte gar nicht, daß es eine Irrenanstalt

war; man hatte ihm gesagt, es sei eine neue Wasseranstalt, ein Sanatorium, wo er für einige Zeit ausspannen und sich erholen könne, weil er sich müde und überarbeitet fühlte.
Wo er sich dann wirklich befand, wurde ihm aber sehr schnell klar. Denn sein Zimmer war vergittert. Als er wieder raus wollte und man ihn daran hinderte, bekam er einen Wutanfall, was ihm aber nichts nützte. Die Wärter waren stärker und steckten ihn in eine Zwangsjacke. Zu solchen Auseinandersetzungen kam es mehrmals, wie aus der nahezu Tag für Tag geführten Krankengeschichte hervorgeht. Manchmal wurde er in eine Dunkelkammer gesperrt. Die Diagnose scheint sich für die Anstaltsärzte aus seinem Widerstand ergeben zu haben: »Tobsucht«. So wurde er, ohne untersucht worden zu sein, von Anfang an als Geisteskranker be- oder vielmehr mißhandelt.
Aber die Krankengeschichte zeigt auch, daß er nicht geisteskrank war. Er war allerdings, besonders in der letzten Zeit, vielen als unerträglich erschienen. Er war verbittert, weil noch viele nicht an seine Methode glauben wollten, mit der er eine gefürchtete und häufige Erkrankung eingeschränkt und die Todesrate stark herabgesetzt hatte. In seiner Enttäuschung hat er uneinsichtigen Kollegen in offenen Briefen angedroht, sie als Mörder hinzustellen, wenn sie seiner Lehre nicht folgen würden. Es schlossen sich aber doch immer mehr seiner Theorie an, und jener Kollege hatte wohl recht, der ihm schrieb: »Vergessen Sie übrigens nicht, verehrtester Freund, daß Sie vorwiegend die Stimmen Ihrer Gegner vernehmen, nicht aber erfahren, wie viele sich von Ihnen belehren lassen.«
Warum jene drei Kollegen ihn in die Irrenanstalt brachten, bleibt ein Rätsel, das auch durch die Krankenpapiere nicht gelöst wird. In einem ausführlicheren Bericht über ihn (von einem der drei) heißt es, daß er, dessen charakterliche Hauptzüge Aufrichtigkeit, Biederkeit und Gutmütigkeit seien, früher ganz bei seiner Familie lebte, seiner Frau und den drei Kindern, vor vier Wochen jedoch ein Verhältnis mit einem Freudenmädchen

geknüpft und darin nichts Tadelnswertes gefunden habe. Das war das Schlimmste von allem, was sie »zur Annahme einer Geistesstörung bewog«.

Aber die Krankenpapiere ermöglichen endlich eine sichere Auskunft über seinen Tod, zu dem es am vierzehnten Tag, einem Sonntag, abends, in der Anstalt kam. Im Alter von 47 Jahren starb er infolge einer Verletzung, die ihm vermutlich bei einer Auseinandersetzung mit einem Wärter zugefügt wurde und die zu einer Blutvergiftung führte. Er starb also an eben jener Krankheit, gegen die er sein Leben lang gekämpft und vor der er Tausende gerettet hat.

Es war auch ein Sonntag, als er eingeliefert wurde. Ein Arzt war bei seiner Aufnahme nicht zugegen. Und sein Biograph meint: Wäre er am Montag angekommen, als der Direktor und der Erste Arzt anwesend waren, wäre seine »Krankheit« vielleicht ganz anders verlaufen.

Wer war's?

Weil das Nachtgeschirr nicht sauber war ...

Beide waren Könige. Der eine wirklich, ein Monarch. Der andere nur in übertragenem Sinne, ein »König auf seinem Betätigungsfeld«. Beide sind noch heute weltberühmt; doch scheint es, daß der Ungekrönte in unserer Zeit der Bekanntere ist. Auch wohl der Beliebtere. Das mag an seinem Betätigungsfeld liegen und an unserer Zeit, die eben jenem Feld ein ständig wachsendes Interesse entgegenbringt.

Außer ihrer Berühmtheit hatten die beiden wohl kaum etwas gemeinsam. Sie waren krasse Gegensätze. Der Monarch, den man nur in Uniform kennt, war betont soldatisch und schreckte auch vor Kriegen nicht zurück – mehr als einmal hat er sein Land in Kriege geführt. Der andere trug fast nie eine Uniform; er war der Prototyp des beinahe schon übertrieben modisch gekleideten Elegants. Der Monarch war pflichtbewußt, überaus sparsam, nahezu selbstlos; der andere verschwenderisch, ein Hansdampf in allen Gassen und, obwohl Doktor beider Rechte und Ritter vom Goldenen Sporn und sogar apostolischer Protonotar extra urbem, ein Abenteurer, ein Spieler. Der eine zeigte für Frauen so gut wie gar kein Interesse (was bis heute zu entsprechenden Spekulationen Anlaß gibt), der andere ist ohne Frauen gar nicht denkbar. Und doch machte der Monarch jenem Abenteurer das Angebot, in seine neugegründete Kadettenschule als Erzieher einzutreten.

Der Doctor juris utriusque hat später beschrieben, wie er hinging, um sich jene Schule wenigstens einmal anzusehen: »Ich war von Kopf bis zu den Füßen in neuer Kleidung«, heißt es da, »trug einen flohfarbenen Taftrock, Ringe an allen Fingern, hatte meine beiden goldenen Uhren eingesteckt und mein Ordenskreuz umgehängt.« Die Schule war zunächst nur für fünfzehn Kadetten eingerichtet, für die fünf Erzieher vorgesehen waren. »Jeder sollte also«, schrieb der Kavalier, der übrigens in seinen berühmten Memoiren gern übertrieb, »drei Zöglinge haben und sechshundert Taler Gehalt und gemeinsame Verpflegung mit den Kadetten erhalten.«

Entsetzt war unser aufgetakelter Ritter darüber, daß die Erzieher Uniform tragen mußten, daß »die Anstalt hinter den Pferdeställen lag« und daß sie so dürftig eingerichtet war: »Drei oder vier große Säle, fast ohne Möbel, mehrere Zimmer mit geweißten Wänden, in jedem ein elendes kleines Bett, ein Tisch und zwei Stühle aus Fichtenholz. Die jungen Kadetten, alle im Alter von zwölf bis dreizehn Jahren, waren schmutzig, schlecht frisiert, eingezwängt in armselige Uniformen, die ihre bäuerischen Gesichtszüge besonders hervortreten ließen.«

Dann kam der König. »Während er mit mir redet, blickt er umher. Plötzlich blitzt sein Auge zornig, er beißt sich auf die Lippe, hebt den Stock und schlägt auf ein Bett. Ich hatte Mühe, das Lachen zu unterdrücken. Der König hatte ein Nachtgeschirr entdeckt, das unter einem Holzbett hervorlugte und noch die Spuren gewisser Unsauberkeiten trug.« Und nun wurde der Erzieher jenes Kadetten, dem das Nachtgeschirr gehörte – nicht der Kadett – heruntergeputzt: »Seine milde Majestät nennt ihn einen Tölpel und wäscht ihm gehörig den Kopf...«

Für unseren Ritter hatte sich das Angebot damit erledigt: »Diese abstoßende Szene genügte mir; ich machte mich leise davon...« Von dem Monarchen hat er sich nicht einmal mehr verabschiedet.

Nun, der Name des Monarchen ist leicht zu erraten. Wer aber war jener Ritter vom Goldenen Sporn, dessen Mitwirkung an jener Kadettenschule leicht dem gesamten Offizierskorps, wenn nicht gar dem ganzen Staat zu einer liebenswürdigeren Komponente hätte verhelfen können?

Angeprangert als Verderber der Sittlichkeit

Nie zuvor in Deutschland hatte ein Roman so heftige Reaktionen ausgelöst. Von vielen, besonders den Jüngeren, enthusiastisch als ein »göttliches«, ein geniales Buch begrüßt, wurde es von anderen, die Moral und Ordnung gefährdet glaubten, als ein »verruchtes Werk« aufs schärfste abgelehnt – dabei eigentlich von allen mißverstanden als allzu freie Liebesgeschichte. Die theologische Fakultät der Universität Leipzig ließ den Roman sogar konfiszieren. Und ein Hamburger Hauptpastor rief angesichts der »verfluchungswürdigen Schrift« nach einer allgemeinen Zensur; kein Jüngling könne den Roman lesen, schrieb er, »ohne ein Pestgeschwür davon in der Seele zu behalten«.

Ein Offizier hingegen, nach seiner Meinung gefragt, antwortete, indem er zugleich auf Inhalt und Wirkung des Romans anspielte: »Ein Kerl, der sich eines Mädchens wegen, bei dem er nicht schlafen konnte, totschießt, ist ein Narr, und ob ein Narr mehr oder weniger auf der Welt ist, daran ist nichts gelegen.«

Nun ließe sich freilich schon anläßlich nur eines einzigen solchen Narren streiten – es war aber schließlich eine ganze Reihe junger Männer, die sich auf die in dem Roman geschilderte Weise das Leben nahm, einige mit dem Buch neben sich, womit sie zeigen wollten, daß für sie derselbe Grund bestanden hatte wie für den Romanhelden. Es verbreitete sich wie eine Epidemie.

Das eben war es, was die Gegner, besonders die Theologen, auf den Plan rief. Sie meinten, hier werde der Selbstmord verherrlicht und der christliche Geist mit Füßen getreten. Der Hamburger Hauptpastor stützte seine Verdammung mit zwei Bibelworten: »Ich sage Euch, wer ein Weib ansieht, ihrer zu

begehren, der hat schon die Ehe mir ihr gebrochen in seinem Herzen.« (Matth. 5,28.) Und: »Ihr wisset, daß ein Totschläger hat nicht das ewige Leben bei ihm bleibend.« (I. Joh. 3,15.) Wer für diese Worte noch einige Ehrerbietung habe, dem müsse, meinte er, beim Lesen dieser Erzählung, dieser »giftigen Schlange«, »notwendig das Herz bluten«.
Der Roman war in zwei Teilen erschienen. Übrigens anonym. Wie sich bald herausstellte, war der Autor ein junger, noch ziemlich unbekannter Jurist. Über den Wirbel, den er entfacht hatte, schien er einigermaßen erstaunt. Und daß sein Werk gefährlich sei, wollte er nicht einsehen. »Gefährlich! Was gefährlich!« antwortete er einem Stadtsyndikus, der meinte, das Ding sei doch wohl zu toll, »gefährlich sind solche Bestien, wie ihr seid, die alles ringsum mit Fäulnis anstecken, die alles Schöne und Gute begeifern und bescheißen und dann der Welt glauben machen, es sei alles nicht besser als ihr eigener Kot!« Weiter hat er sich in die öffentliche Auseinandersetzung nicht eingelassen. Es schien ihn nicht zu berühren, daß er als »Verderber der Sittlichkeit« angeprangert wurde.
Etwa zehn Jahre später aber meinte auch er selber, »daß der Verfasser übel getan hat, sich nicht nach geendigter Schrift zu erschießen«, und arbeitete sein Buch um.

Wer war's?

Nur als »beladenes Schiff«

Als sie zum dritten Mal heiratete oder vielmehr auf Befehl ihres Vaters verheiratet wurde, war sie 28 Jahre alt und bereits Mutter von fünf Kindern. Ihr erster Mann, dem sie als erst Vierzehnjährige angetraut worden war, und auch der zweite, der Vater ihrer Kinder, waren gestorben. Sie galt als eine der bezauberndsten Frauen ihrer Zeit, war schön, charmant, geistreich, sehr gebildet. Und sie verstand zu leben, so zu leben, wie sie wollte, nämlich mit anderen Männern. Daß sie verheiratet war, hinderte sie daran nicht.

Die erste Ehe – mit einem Siebzehnjährigen – hatte nur kurze Zeit gedauert. Das zweite Mal war sie mit einem Freund und alten Kampfgenossen ihres Vaters verheiratet; er war 24 Jahre älter als sie. Als hoher Offizier hatte er wenig Gelegenheit, zu Hause zu sein. Meist hatte er in einer der Provinzen des Landes zu tun, weit entfernt von der Hauptstadt, in der seine Frau lebte und sich umschwärmen ließ. Trotz ihres freien Lebenswandels sollen ihre Kinder überraschende Ähnlichkeit mit ihrem Mann gehabt haben. Auf die Frage, wie sie das fertig gebracht habe, gab sie die klassisch gewordene Antwort, die ein Historiker des vorigen Jahrhunderts nur auf Lateinisch zu zitieren wagte: »Numquam enim nisi navi plena tollo vectorem« – zu deutsch: »... weil ich nur als beladenes Schiff den Fahrgast trage.«

Aber sicher ist das nur eine literarische Antwort. Denn in Wirklichkeit kann sie mit dieser Methode allein nicht gut ausgekommen sein, schon gar nicht während ihrer dritten Ehe (mit einem Stiefsohn ihres Vaters übrigens), der nur ein einziges Kind entstammte. Gerade in den Jahren ihrer dritten Ehe – wieder mit einem Mann, der selten zu Hause war – trieb sie es besonders

schlimm: Es heißt, sie sei für jeden Mann zu haben gewesen und habe schließlich das Leben einer Dirne geführt.
Ob sie wirklich so schamlos lebte, wie es allerdings von namhaften Leuten behauptet wurde, und ob das – wie ebenfalls behauptet – der Grund dafür war, daß sie schließlich auf Betreiben ihres Vaters die Hauptstadt des Landes verlassen und in die Verbannung mußte, ist nicht ganz deutlich. Möglicherweise steckte etwas anderes dahinter, vielleicht eine Verschwörung gegen den Vater und dessen strenge Gesetze gegen übertriebenen Luxus und eine ständig zunehmende Sittenlosigkeit in der ersten Gesellschaft. Jedenfalls war nicht nur die inzwischen 37jährige von jenem Skandal betroffen, sondern mit ihr eine Gruppe junger Adliger.
Nur ein paar Jahre später fand dieser Skandal gewissermaßen eine Wiederholung. Zwar war sie selber noch immer in der Verbannung – sie durfte nie wieder in die Hauptstadt zurückkehren –, aber eine ihrer Töchter, die übrigens denselben Vornamen hatte wie die Mutter, stand diesmal im Mittelpunkt ganz ähnlicher Affären. Auch sie mußte in die Verbannung.
Beteiligt war diesmal auch einer der berühmtesten Dichter, dessen Werke noch heute immer neu gedruckt und gelesen werden. Damals wurden sie aus allen öffentlichen Bibliotheken entfernt, und der Dichter selber wurde auf Lebenszeit verbannt. Auf welche Weise er in die Sache verwickelt war, ist bis heute nicht geklärt. Möglicherweise galt er, der soviel über die Liebe und das Leben geschrieben hatte, gleichsam als der intellektuelle Verführer zu jenem freien Leben der beiden Frauen.
Die Mutter starb in der Verbannung im Alter von 53 Jahren.

Wer war's?

Nie wage ein Mensch zu trennen ...

Schon als Knabe sprach und schrieb er ein ausgezeichnetes Latein; kein Geringerer als Erasmus von Rotterdam bewunderte seinen eleganten Stil. Freilich hatte sein Vater ihm die besten Lehrer beschafft. Aber daran allein lag es nicht. Sondern vor allem an seiner Intelligenz und Sprachbegabung. Außer Latein beherrschte er Englisch, Französisch, Italienisch.

Er war auch musikalisch. Er lernte Flöte spielen, Cembalo, sogar die Orgel, und er begann, kleine Stücke zu komponieren.

Seine Lehrer und mehr noch Erasmus, der ihn besuchte, lobte seinen kritischen Verstand. Erasmus berichtete anderen Gelehrten von dem begabten Knaben; so kam es, daß man an den Universitäten Europas von ihm sprach: Man hoffte, er werde einmal ein großer Förderer der Wissenschaften sein.

Bei all seiner Gelehrsamkeit war er übrigens auch körperlich gut entwickelt: groß für sein Alter, kräftig, ja geradezu robust. Mit Vorliebe hielt er sich im Freien auf. Er ritt gut und ausdauernd, spielte viel Tennis und segelte gern.

Die Laufbahn, auf die er so sorgfältig vorbereitet wurde, lag ziemlich umrissen vor ihm. Er sollte Priester werden, was bei seinem Stand allerdings nicht etwa nur Pfarrer bedeutete, sondern Bischof, Erzbischof, erster Priester des Landes. Daß es anders kam, lag nicht an ihm. Der frühe Tod seines älteren Bruders war der Grund dafür, daß die geistliche Laufbahn aufgegeben wurde, noch ehe sie recht begonnen hatte; er war elf Jahre alt, als der Vater ihn zu seinem Erben erklären mußte. Die wissenschaftlich-humanistische Erziehung wurde allerdings nicht abgebrochen. Insofern änderte sich in seinem Leben noch gar nichts.

Entscheidend aber war, daß man den Jungen zwang, mit dem Erbe auch die Witwe seines Bruders, seine fünf Jahre ältere Schwägerin, zu übernehmen, das heißt, sie zu heiraten. Zwar nicht sofort, denn er war ja noch zu jung, aber vier Jahre später, als er fünfzehn wurde. Strenggenommen widersprach es zwar dem kirchlichen Recht, wenn ein Mann die Witwe seines Bruders zur Frau nahm, doch gelang es, vom Papst einen Dispens zu bekommen, indem man glaubhaft machte, daß die junge Frau in ihrer kurzen Ehe jungfräulich geblieben war.

Wider Erwarten wurde es – jedenfalls zunächst – eine glückliche Ehe. Für ihn kam nicht etwa ein Gefühl des Zwangs auf, sondern – nach seiner strengen Erziehung – im Gegenteil das der Freiheit. Und in dem neuen Bewußtsein von Selbständigkeit entwickelte er sich, von vielen bewundert, weiter. Er war bald größer und kräftiger als alle Männer seiner Umgebung, im Tennis, Reiten, Segeln, Ringen kaum zu schlagen. Auch im Tanzen nicht. Er sah sehr gut aus. Die vielen bekannten Bilder, die es von ihm gibt, stammen aus späterer Zeit, als er schon viel zu dick war und die Augen in dem feisten Gesicht klein und verschlagen wirkten. Als junger Mann muß er überaus sympathisch gewirkt haben.

Von ihm und dieser jugendlichen Ehe mit einer sehr gebildeten Frau – auch sie verstand zum Beispiel Latein –, von den fröhlichen Festen, die sie veranstalteten, von seiner Kraft und Unbekümmertheit, seinem jugendlich optimistischen Streben, seiner Hochachtung für die Wissenschaft ging etwas ungemein Schwungvolles, Mitreißendes, Hoffnungsvolles aus. Thomas More schrieb seinem Freund Erasmus: »Ach, mein Erasmus, wenn Sie doch sehen könnten, wie alle Welt hier jubelt ...«

Man erhoffte viel von ihm. Zuviel. Er aber war kein Himmelstürmer, sondern war auf Bewahren und Erhalten gerichtet. Als Luthers 95 Thesen gegen den Ablaß die Welt aufwühlten und die Reformation die bestehende Ordnung in Frage stellte, da schrieb er voller Empörung eine theologische Abhandlung, um das »lutherische Ketzertum« zu entlarven. Er schrieb Lateinisch und nahm sich Jahre Zeit für seine Arbeit. Erst nach vielen Änderungen und stilistischen Verbesserungen – inzwischen war er fast dreißig – legte er sie der Öffentlichkeit vor, und ein Exemplar schickte er an den Papst.

In Rom wurde seine Kampfschrift geradezu mit Begeisterung aufgenommen. Nicht nur vom Papst selber, sondern ebenso vom Konsistorium der Kardinäle. Und um ihm zu danken und ihn vor aller Welt auszuzeichnen, verlieh der Papst ihm einen Titel, den es bis dahin nicht gegeben hatte, den also nur er trug und nach ihm, bis heute, seine Erben.

Indessen war es weniger die Schrift selber, was in Rom so großen Eindruck machte, als die Tatsache, daß er sie verfaßt hatte. Und wie Jahre zuvor die Humanisten, so erhofften jetzt der Papst und die Kardinäle zuviel von ihm. Später waren sie tief enttäuscht.

Daß er noch heute jedermann ein Begriff ist, liegt nicht an seinem Titel, auch nicht an seiner antilutherischen Kampfschrift. Eher im Gegenteil, indem nämlich er selber gegen seine eigenen, in der Schrift dargelegten Maximen verstieß. Es betraf die Ehe. Nicht nur hatte er in seiner Schrift ihren sakramentalen Charakter betont, sondern mehr noch: von den sieben Sakramenten hatte er sie an die erste Stelle gesetzt und am eifrigsten verteidigt: »Nie wage ein Mensch zu trennen, was Gott zusammengefügt hat...«

Nie! Ausgerechnet dieser Mann aber sollte durch seine Scheidungen unsterblich werden; sechsmal ist er in seinem Leben das Sakrament der Ehe eingegangen.

Wer war's?

In einem Waggon zum Transport frischer Austern

Wenn ich der einen überdrüssig werde, verbringe ich die Nacht mit der anderen. Wenn dies auch nicht ordentlich ist, so ist es wenigstens nicht eintönig, und im übrigen verliert wahrhaftig keine etwas durch meine Untreue . .« Es war nicht etwa eine vorübergehende Laune und schon gar nicht Angeberei, was den 28jährigen so schreiben ließ. Er meinte es ernst. Er wollte seinem Freund verständlich machen, daß er mit seiner Arbeitskraft beiden Interessengebieten – denn davon, nicht von Frauen war die Rede; aber er verglich sie mit Frauen, mit einer legalen und einer Geliebten –, daß er beiden gewachsen war und daß das eine Gebiet das andere ergänzte und vertiefte.

»Arbeiten muß man, arbeiten, alles andere hole der Teufel!« notierte er einmal. Und er arbeitete wirklich, ohne sich Ruhe zu gönnen. Schon als Zwanzigjähriger hatte er angefangen, die ganze Familie zu ernähren – den Vater, der mit seinem Kolonialwarenladen Konkurs gemacht hatte und vor den Gläubigern fliehen mußte, die Mutter, seine zwei Brüder und seine Schwester. Er tat das neben seinem Medizinstudium, und zwar mit solchem Erfolg, daß die völlig heruntergekommene Familie schon bald regelmäßig in die Sommerferien fahren konnte. Eben jene Arbeit, die das erforderliche Geld einbrachte und die er zunächst zu reinem Erwerb tat, war es, die er schließlich als seine »Geliebte« ansah. Und deren Anforderungen an Zeit und Kraft wurden schnell immer größer.

Zugleich jedoch wollte er auch der Medizin treu bleiben. Daher hat er auch als Arzt hart gearbeitet – nicht um Geld zu verdienen, sondern wirklich nur um zu helfen. Von frühmorgens bis in die Nacht war er für die Kranken da, er fuhr in die entlegensten

Dörfer, und die meisten seiner Patienten behandelte er umsonst und versorgte sie auf eigene Kosten noch mit Medikamenten. Das alles tat er auch dann noch, als er eigentlich gar nicht mehr genügend Kraft hatte, weil die eigene Krankheit ihm mehr und mehr zu schaffen machte.

Anfangs hatte er seine Tuberkulose zu ignorieren versucht. Mit 28 schrieb er: »Wenn der Blutauswurf, den ich vor drei Jahren gehabt habe, das Symptom einer beginnenden Schwindsucht gewesen wäre, so würde ich schon längst in der anderen Welt sein . . .« Dabei blieb er noch ein paar Jahre. In dieser Zeit machte er mehrere Reisen, auch ins Ausland. Aber selbst da arbeitete er, denn es waren nicht Erholungs-, sondern Forschungs- und Studienreisen. Immerhin konnte er sich auf diese Weise etwas von seiner Familie erholen.

Denn noch immer mußte er für alle seine Angehörigen aufkommen. Er hatte – das war der Traum seines Lebens gewesen – ein Haus mit einem großen Grundstück gekauft, »ein großes Gut«, wie er einem Freund schrieb, »dessen Besitzer man in Deutschland vielleicht den Herzogstitel verliehen hätte. 213 Hektar . . .« Und er fühlte sich da überaus glücklich. Dann aber luden seine Verwandten Freunde und deren Freunde und Bekannte ein, die manchmal über viele Wochen in seinem Hause lebten. Um dennoch Ruhe zu finden, baute er sich im entlegensten Teil des Obstgartens ein kleines Holzhaus. Aber Ruhe fand er auch da kaum. Denn vom frühen Morgen an warteten Kranke auf ihn.

Alles das strengte ihn immer mehr an. Der 32jährige schrieb: »Ob es körperliches Alter oder Lebensmüdigkeit ist, weiß ich nicht: Ich habe keine große Lust mehr zu leben. Freilich bin ich auch nicht bereit zum Sterben, aber das Leben ist mir wirklich auch ein wenig lästig geworden. Mit einem Wort: Meine Seele ist gleichsam in einem gefrorenen Traum erstarrt.«

Und, etwa zur selben Zeit: »Meine Seele ist müde. Es ist unerträglich, nicht sein eigener Herr zu sein, sondern an Diarrhöen zu denken und mitten in der Nacht aufzufahren, wenn die Hunde bellen und an die Tür geklopft wird (wird man mich holen?), sich in unmöglichen Fahrzeugen auf weiß Gott welchen Wegen mühsam dahinzuschleppen . . .«

Ein Jahr später: »Arzt zu sein ist furchtbar, unerträglich und abscheulich.« Und wieder etwas später: »Wenn Sie wüßten, wie müde ich bin!«

Inzwischen war es auch ihm klar, daß der Bluthusten nicht, wie er anfangs glauben wollte, durch das Platzen kleiner Blutgefäße im Kehlkopf verursacht worden war. Er sah nun ein, daß er seine Lebensweise radikal ändern und in ein gesünderes Klima ziehen müsse. Im Süden seines Landes erwarb er ein Haus, und dort wohnte er die letzten Jahre seines Lebens – immer noch arbeitend, nur nicht mehr als Arzt; Erfolge und Ehrungen wurden ihm zuteil. Längst war er berühmt – aber er glaubte auch jetzt nicht an den Wert von Ruhm und Heldentum. Er blieb in seiner leicht ironisierenden, etwas kühlen Distanz, die auch einen wesentlichen Zug seines Werkes ausmacht.

Und er blieb in seiner Einsamkeit, obwohl er noch – das war drei Jahre vor seinem Tode – geheiratet hat. »So einsam wie ich im Grabe liegen werde, so einsam habe ich im ganzen gelebt«, notierte er.

Er starb im Alter von 44 Jahren – nicht daheim, sondern im Ausland, in einem Kurort, wohin er in Begleitung seiner Frau gefahren war. Der Tote wurde – was einen seiner Freunde zutiefst empörte – in einem »Waggon zum Transport frischer Austern« heimgebracht.

Wer war's?

Einmal sagte sie auch: »Selbstmord macht süchtig.«

Sie war die dritte Tochter eines wohlhabenden Fabrikanten und litt früh unter der Vorstellung, sie sei als Tochter unwillkommen, weil sie eigentlich ein Sohn hätte sein sollen. Jedenfalls habe sie ihre Kindheit, meinte später eine ihrer Töchter, als physischen und psychischen Mißbrauch erinnert, als ein langes Szenarium von Schmerz und Demütigung, wobei sie sich selbst die Rolle der abgelehnten Tochter zuwies.

Doch habe sie es stets verstanden, auf sich aufmerksam zu machen und sich in den Mittelpunkt zu stellen, schreibt die Herausgeberin ihrer Briefe. Das verband sich zunehmend mit Widerstand gegen die Eltern. Als kleines Mädchen aß sie Kuchen im Bett und warf faulige Äpfel gegen die Zimmerdecke, und mit ihren Schwestern hatte sie ständig Streit.

In der Schule war sie anfangs so schlecht, daß den Eltern geraten wurde, sie psychiatrisch behandeln zu lassen, was sie ablehnten. Auf dem Gymnasium fiel sie nicht nur durch ihre besondere Kleidung und eine eigenwillige Körpergestik auf, sondern auch durch ihre sorglose Unaufmerksamkeit im Unterricht, beeindruckte die Lehrer aber zugleich durch ihre Sprachgewandtheit und ihre Intelligenz.

Sie sah gut aus, war groß, schlank, und so gesehen war es leicht, sie zu verheiraten, wie es von den Eltern und auch von ihr gewünscht wurde. Aber als sie verlobt war und alles geregelt schien, lernte sie einen anderen kennen, in den sie sich leidenschaftlich verliebte und der sein Elternhaus heimlich verließ, um sie zu heiraten, und die Neunzehnjährige dazu brachte, ebenfalls von zu Hause zu fliehen. Ihren Eltern ließ sie einen Brief zurück, in dem es heißt: »Wenn Ihr das lest, habt Ihr bereits einen neuen

Schwiegersohn. Ich weiß, daß Ihr ihn mögt – jeder von meinen Freunden und Verwandten, der ihn kennengelernt hat, mag ihn. Und ich liebe ihn. Es gibt nichts, was Ihr gegen diese Ehe einwenden könntet. Er ist ein guter Mensch, verantwortungsbewußt und liebenswert. Er kann für mich sorgen, er kommt aus einer netten Familie. An meinem Entschluß kann nichts falsch sein.«

Sie versuchte noch zu erklären, warum sie so handelte, und bat schließlich: »Freut Euch für mich und denkt daran, daß ich, wenn ich heute abend wegfahre, dies mit dem Gefühl tue, Euer Einverständnis zu haben ...« Und sie schloß: »Ich habe Euch lieb!«

In folgenden Briefen beschrieb sie ihr Leben als Hausfrau: »Ich bin so glücklich!!!« – obgleich sie »ungeheuer viel zu tun habe mit Kochen, Waschen, Putzen, Partys geben, mit all den kleinen Pflichten einer verheirateten Frau«. Aber als die erste Tochter kam und bald die zweite, war alles viel schwerer, und sie litt unter Angstzuständen und konsultierte einen Psychiater. Sie mußte in ein Krankenhaus, während die Töchter zu den Großmüttern kamen.

Danach wollte sie sich umbringen, was eine neue Behandlung erzwang, die über Jahre ging und ihr Leben zum Teil positiv veränderte, nachdem ihr Psychiater sie zum Schreiben ermutigt hatte. Doch folgte auch Negatives aus dem Tötungsversuch, was sie beunruhigte. Ihrem Lehrer schrieb sie: »Ich bin sehr niedergeschlagen – Meine Mutter stirbt an Krebs. Meine Mutter sagt, ich hätte ihr Krebs gemacht (als sei der Tod ansteckend – Tod als der Geburtstag, an dem ich versuchte, mich umzubringen). Dann bekam sie Krebs ... Wen töten wir, welches Spiegelbild, die Mutter, uns selbst? ... Bin ich meine Mutter oder meine Tochter?«

Das war kurz vor ihrem 30. Geburtstag, den sie ausdrücklich erwähnte und hinzufügte: »Richtig lebe ich eigentlich erst seit einem Jahr ...« Und noch dies: »Ach, Sie sind berühmt.« – Und

sie zweifelte an sich selbst: »Ich werde nie ein wirklich gutes Gedicht schreiben. Ich trage zu dick auf.«
Wenig später wurde auch sie berühmt, was die Eltern nicht mehr erlebten. Sie erhielt Preise und wurde von Universitäten als Lehrerin berufen, von einigen sogar zum Ehrendoktor ernannt. Das Schreiben war ihr Leben oder – wie sie sagte – ein Fluchtmittel: »Ich wechsele zwischen den Fluchtmitteln hin und her – Alkohol, Tabletten, Schreiben – ich habe nichts anderes.« Einmal sagte sie auch: »Selbstmord macht süchtig.« Und sie versuchte es noch mehrmals mit Alkohol und Tabletten.
Zuletzt machte sie es so: Sie trank ein Glas Wodka, zog den Nerzmantel ihrer Mutter an, setzte sich in der geschlossenen Garage ins Auto, stellte das Radio an und dann den Motor ... – das war kurz vor ihrem 46. Geburtstag.

Wer war's?

Aufgegriffen und nach Amerika »vermietet«

In seinem Jahrhundert dachte noch kaum jemand an Autos, Eisenbahnen oder gar Flugzeuge. Man fuhr in der Pferdekutsche, und wer sich das nicht leisten konnte, ging eben zu Fuß, manchmal selbst über sehr weite Strecken. Er muß also wohl in der »guten alten Zeit« gelebt haben...

Er war der Sohn eines Bauern, der schon früh starb. Ein Gönner, Graf und Gutsherr, ermöglichte dem intelligenten Knaben den Besuch einer Lateinschule und schließlich gar, in Leipzig, ein Studium der Theologie. Aber der Studiosus interessierte sich bald mehr fürs Theater, für Shaftesbury und Bolingbroke. Und da er überdies – was einem seiner Magister noch schlimmer erschien – eine starke Vorliebe für das Baden im Freien hatte, drohte man ihm, sein »ketzerisches Verhalten« dem Grafen zu melden. Da gab er die Theologie auf. »Der Himmel hat uns die Erde verdorben«, notierte er und machte sich zu Fuß auf den Weg nach Paris, wo er Französisch und Mathematik betreiben wollte.

Unterwegs jedoch wurde er von hessischen Soldatenwerbern aufgegriffen und zum Militärdienst gepreßt. Von Hessen aus wurde er, wie Tausende anderer auch, an die Engländer vermietet. Und während seine Mutter in einer Leipziger Zeitung eine Suchanzeige aufgab und vergeblich auf Antwort wartete, schifften die Engländer ihn in Bremen nach Amerika ein, wo er gegen die um ihre Unabhängigkeit kämpfenden Amerikaner eingesetzt werden sollte.

Nach einem gescheiterten Fluchtversuch fand er sich mit seinem Schicksal ab: »Am Ende ärgerte ich mich weiter nicht. Leben muß man überall; wo so viele durchkommen, wirst auch

du; über den Ozean zu schwimmen, war für einen jungen Kerl einladend genug, und zu sehen gab es jenseits auch etwas.«
Doch bis er jenseits war, vergingen 22 Wochen auf dem Schiff, »gedrückt, geschichtet und gepökelt wie die Heringe«. Endlich drüben, wurde er nach preußischem Vorbild gedrillt, wobei er einsah, daß es besser ist, andere zu drillen. So wurde er Korporal, Furier, Feldwebel.
In der Freizeit las er Homer, Vergil, Plutarch, schrieb Gedichte und Soldatenlieder. Dadurch fiel er einem Major von Münchhausen auf, der ebenfalls aus Deutschland stammte und mit dem unsterblich gewordenen »Lügenbaron« verwandt war. Und durch Münchhausen kam er zu den Offizieren.
Zum Dank schrieb er dem Baron ein Gedicht, dessen Anfang, leicht abgewandelt, zu einem Sprichwort geworden ist: »Wo man singet, laß dich ruhig nieder, / Ohne Furcht, was man im Lande glaubt; / Wo man singet, wird kein Mensch geraubt: / Bösewichter haben keine Lieder.«
So ließ es sich also auch drüben einigermaßen leben, zumal der Krieg inzwischen zu Ende ging. Da aber wurde er nach Europa zurückgebracht, wieder nach Deutschland. Aus Furcht, jetzt an die Preußen verkauft zu werden, desertierte er. Aber auf der Flucht, noch in Uniform, lief er ausgerechnet preußischen Werbern in die Hände. Also kam er doch in die preußische Armee. Für fast drei Jahre!
Frei kam er schließlich, weil ein mitleidiger Bürger ihm 80 Taler vorschoß; gegen diese Kaution durfte er Urlaub nehmen, um in Sachsen seine Mutter zu besuchen. Von dem Urlaub ist er nicht zurückgekehrt.
So war er endlich wieder da, wo er gut vier Jahre zuvor aufgebrochen war, um zu Fuß nach Paris zu kommen. Es war wohl doch nicht die »gute alte Zeit«, in der er lebte und wo zu Fuß zu gehen offenbar so gefährlich war. Dennoch gab er das auch später nicht auf; er mußte einfach gehen. Dabei legte er gewaltige Strecken zurück. Einmal – und vor allem diese Wanderung und ihre

Beschreibung machte ihn bis heute berühmt – durch ganz Italien bis nach Sizilien. Ein anderes Mal von Leipzig nach Rußland, Finnland, Schweden und Dänemark.
So seltsam es klingen mag: Sein Gehen war keine Marotte, sondern ein Protest gegen seine Zeit, gegen ungleiche Rechte, gegen Privilegien, gegen jene Menschen, die im Wagen saßen. »Sowie man im Wagen sitzt«, schrieb er, »hat man sich sogleich einige Grade von der ursprünglichen Humanität entfernt.«
Und er meinte – was geradezu modern klingt –, »daß alles besser gehen würde, wenn man mehr ginge. Man kann fast überall bloß deswegen nicht recht auf die Beine kommen, weil man zuviel fährt . . .«

Wer war's?

Um Freudenmädchen noch freudiger zu machen

Beinahe hätte er zu den Befreiten des 14. Juli gehört. Und sicher würde das jenem längst zur Legende überhöhten »Sturm auf die Bastille« bis heute ein wenig mehr Glanz gegeben haben. Nicht weil dann die Zahl der befreiten »Schlachtopfer des Despotismus« auf acht gekommen wäre, sondern weil man neben den vier Wechselfälschern, einem Schwerverbrecher und zwei Geisteskranken wenigstens eine bedeutende Persönlichkeit hätte vorweisen können.

Doch ist es andererseits ziemlich unwahrscheinlich, daß man das schon im Jahre 1789 so gesehen haben würde. Denn damals galt er allenfalls als berüchtigt, ja, eigentlich sogar als Sittlichkeitsverbrecher. Zum Zeitpunkt der Einnahme der Bastille hielt man ihn übrigens für geisteskrank. Jedenfalls war er wenige Tage vor jenem denkwürdigen Datum aus der Bastille, wo er bereits längere Zeit gesessen und gearbeitet hatte, nach Charenton überführt worden, einem Asyl für Geisteskranke, das von den Barmherzigen Brüdern betreut wurde. Aus irgendeinem Anlaß – vielleicht auch, weil er nervlich überreizt gewesen sein mag – hatte er einen Bastille-Posten tätlich angegriffen. Und ein paar Tage später hatte er durch ein Megaphon heftige Schimpfkanonaden auf Bastille-Gouverneur de Launay losgelassen, den man – leider zu spät, als er längst das Opfer eines Schlachterbeils geworden war – das »gutmütigste Geschöpf von ganz Frankreich« genannt hat. Die unmittelbare Folge war ein Menschenauflauf vor dem einstigen Luxusgefängnis, so daß Gouverneur de Launay, Ritter des Sankt-Ludwig-Ordens, gar nicht anders konnte als durchzugreifen und den Delinquenten damit – freilich ohne das ahnen zu können – um das Vergnügen

brachte, zehn Tage später im Triumph durch Paris geführt zu werden.
Unser Held war zu der Zeit 49 Jahre alt, und weitere 25 Jahre hatte das Schicksal ihm noch zugedacht. Das war nicht wenig – insbesondere nicht für einen Mann, über den zweimal ein Todesurteil verhängt wurde (was ihn nicht hinderte, schließlich doch eines natürlichen Todes zu sterben).
27 von den gut 74 Jahren seines Lebens hat er in Gefängnissen und in dem einigermaßen erträglichen Hospital von Charenton (wo er auch gestorben ist) zugebracht. Seine erste Bekanntschaft mit dem Gefängnis machte er als 23jähriger. Obwohl aus einer alten vornehmen Familie stammend und gut erzogen – von Jesuiten übrigens –, hielt er sich als junger Mensch allzugern in Bordellen auf. Und als er dort einmal seine besondere Art von Liebe exemplifizieren wollte, brachte ihn das mit dem Gesetz in Konflikt.
Doch war das erst ein ziemlich harmloses Vorspiel. Wirklich ernst wurde die Situation für ihn zehn Jahre später. Da hatte er einigen Freudenmädchen ein aphrodisisches Mittel gegeben – sicher in der Absicht, die Mädchen noch freudiger zu machen, aber die Folge waren Vergiftungserscheinungen. Er wurde des Giftmordes angeklagt und zum Tode verurteilt, allerdings in Abwesenheit, denn er hatte sich rechtzeitig nach Italien verzogen.
Auch da war er nicht sicher. In Piemont wurde er verhaftet und nach Frankreich ausgeliefert. Glücklicherweise wurde das Todesurteil kassiert, aber nun begann seine »Laufbahn« durch die Gefängnisse, die seine Phantasie ins Ungeheuerliche schweifen und ihn ein Werk schaffen ließ, das sich heute nicht nur stets wachsender Beliebtheit, sondern zugleich einer immer größer werdenden literarischen Anerkennung erfreut.

Wer war's?

»Ich habe oft das Gefühl, er steht neben mir und hilft mir«

Kurz vor ihrem zehnten Geburtstag nahm ihr Vater sich das Leben. Ihr und der zwei Jahre älteren Schwester, die zu der Zeit im Haus der Großmutter waren, sagte man nur, der Vater sei krank gewesen und plötzlich gestorben.

Sie hatte den Vater sehr verehrt, der sie, das zweite seiner fünf Kinder, zu seinem Liebling erkoren hatte. Später sagte sie: »Es war, als sei ein Teil von mir selbst gestorben«, und »dieser Teil war die Fähigkeit, spontan und vertrauensvoll zu lieben.« Sein Tod stürzte sie in tiefe Trauer und Einsamkeit.

Weiteres erfuhr sie viel später. Der eben Fünfzigjährige hatte an jenem Tag an einer Parlamentssitzung teilgenommen, die er aber vorzeitig verließ, um sich in seine Wohnung zu begeben, wo er sich mit einem Strick am Deckenbalken erhängte.

Als der damals noch nicht dreijährige Sohn zehn Jahre später die Mutter um Aufklärung bat, bestätigte sie den Selbstmord, sprach wieder von Krankheit und meinte: »Du mußt verstehen, daß ein Mann wie Vater, ein Soldat und Naturmensch, nicht mit dem Gedanken leben konnte, daß er über Jahre hinaus als menschliches Wrack, als hilfloses Überbleibsel dessen, was er einmal war, würde weiterleben müssen.« Wieder Jahre später meinte der Sohn zur Schwester, es sei wohl Syphilis gewesen.

Da litt auch sie schon an dieser Krankheit, mit der ihr Mann sie in der Hochzeitsnacht infiziert hatte. »Meines Vaters Schicksal hat sich eigenartigerweise weitgehend in dem meinen wiederholt«, schrieb sie einmal, und: »Ich glaube, es war für mich ein großes Unglück, in der Familie aufzuwachsen, in die ich hineingeboren bin.«

In einem Nachruf nannte ein Freund und berühmter Literaturkritiker den Vater einen innerlich tief zerrissenen, unglücklichen Menschen, leidenschaftlich und stets auf der Suche nach »einer noch intensiveren Seinserfahrung«; er »liebte den Krieg an sich mit der Liebe eines Künstlers«. Und er zog in Kriege, um den Schwachen und Unterworfenen zu helfen. Er geriet immer wieder auf die Seite der Verlierer – zuerst auf den Düppeler Schanzen, wo die Preußen sein Land besiegten, dann 1870/71, als er im Rang eines Hauptmanns auf seiten Frankreichs kämpfte, das ebenfalls von Preußen geschlagen wurde.

Danach reiste er in die Neue Welt, wo er in einer Blockhütte hauste, als Freund der Indianer, und schrieb: »Wer inneren Frieden sucht, kann nichts Besseres tun, als seine Zelte in den Wäldern von Wisconsin aufzuschlagen ...« Aber bald sah er, daß auch die Neue Welt nicht das Paradies war, denn: »Die Regierung hält es manchmal für notwendig, die Indianer mit Hilfe von Soldaten zu dezimieren ...«

Die Nachricht, daß seine Mutter im Sterben lag, trieb ihn nach Haus. Er blieb zwei Jahre, in denen auch sein Vater starb und der Mittdreißiger sein Erbe übernahm: einen Gutshof und ein beträchtliches Barvermögen, das er später größtenteils in Landkäufen anlegte, wobei er auf großen Gewinn hoffte, wenn da eine Eisenbahnstrecke gebaut werde.

Als es zum Krimkrieg kam, reiste er in die Türkei, um gegen die Russen zu kämpfen, kam aber nicht zum Einsatz, doch spielte er in seinen »Jagdbriefen« diskret auf eine Reihe pikanter erotischer Abenteuer an.

Er war 35, als er wieder heimkam und anfing, seßhaft zu werden. Er wurde parteiloses Parlamentsmitglied. Und er heiratete eine zehn Jahre jüngere Frau aus gutbürgerlicher Familie, die gebildet war und mehrere Sprachen beherrschte und die Kinder selber unterrichten wollte. Die Tochter, die hier zu erraten ist, der Liebling des Vaters, hat nie eine Schule besucht und kam auf jenem Gebiet, auf dem der Vater nicht ohne Erfolg war, aus eigener Kraft fast bis an die Spitze – oder doch nicht aus eigener

Kraft? Als sie ganz unten war, sterbenskrank und finanziell bankrott, und ihre Ehe zerbrach, schrieb sie der Mutter:
»Aber – falls ich das schaffe und ich es wieder zu etwas bringe und eines Tages das Leben mit Ruhe und Klarheit betrachten kann – dann verdanke ich das Vater. Sein Blut und seine Sinnesart können mir durch dieses Tief hindurchhelfen. Ich habe oft das Gefühl, er steht neben mir und hilft mir, oft, indem er zu vielen meiner Shauries sagt: Scher du dich den Teufel darum …«
Das war wie eine späte Versöhnung. Bis dahin hatte sie den Selbstmord des Vaters immer als einen Verrat empfunden, durch den sie sich zutiefst verletzt fühlte.

Wer war's?

Für Napoleon zu kokett und zu spießig

Lange Zeit hatte sie für Napoleon nur größte Verachtung gezeigt. Für sie, die einer alten deutschen Fürstenfamilie entstammte, war der Korse auch nach seiner Krönung zum »Kaiser durch die Gnade Gottes und der Verfassungen der Republik« nur ein Emporkömmling. Mehr noch: Ein »teuflisches Wesen« nannte sie ihn, »das sich aus dem Kot emporgeschwungen hat«, ein »Scheusal«, ja »einen nichtswürdigen Mörder«.
Ihre Meinung war nicht ungewöhnlich; nahezu der ganze europäische Adel dachte so. Ungewöhnlich aber war ihr plötzlicher Umschwung, als sie – 31jährig, verheiratet, Mutter und, last not least, erste Dame eines nicht unbedeutenden Landes – dem »Scheusal« zum erstenmal persönlich begegnete. Dabei erfolgte diese Begegnung unter für sie und ihren Mann höchst bedrükkenden Umständen. Denn Napoleon kam als Sieger, ihr Mann, mit dem sie in sehr glücklicher Ehe lebte, war der Verlierer, noch dazu einer, dem der Korse allzu deutlich seine Mißachtung zu erkennen gab, indem er ihn einfach links liegenließ. Sie aber hatte für das »Scheusal« plötzlich nur noch Komplimente:
Napoleon könne sehr liebenswürdig sein, erklärte sie; sein Kopf, sagte sie, sei von schöner Form; er erinnere an einen römischen Kaiser; die Gesichtszüge verrieten den denkenden Mann; beim Lächeln habe er um den Mund einen Zug von Güte.
War sie wirklich so beeindruckt? Oder war es Politik, um zu retten, was noch zu retten war? Auch Napoleon kamen diese Fragen. Seiner Frau Josephine berichtete er über jene Dame, sie sei ihm gegenüber äußerst kokett; doch würde es ihn zu teuer kommen, darauf einzugehen und gar den Verliebten zu spielen. Zwar sei sie »ganz entzückend«, aber dabei zu gefallsüchtig und zu

auffällig gekleidet, ja, er meinte, sie habe einen ausgesprochen schlechten Geschmack. Sie war ihm, schlicht gesagt, zu spießig.

Ihre Landeskinder aber waren anderer Meinung. Ihnen und noch ihren Enkeln verklärte sich ihr Andenken, nachdem sie mit nur 34 Jahren gestorben war, und so lebte sie – vor allem in Schullesebüchern – weiter als ein Vorbild an Schlichtheit, Herzensgüte und Sittenreinheit. Und sie wurde gleichsam wirklich – wie schon Goethe es einst ausgedrückt hatte, als sie als junges Mädchen zusammen mit ihrer Schwester bei seiner Mutter in Pension gewesen war – zu einer »himmlichen Erscheinung«.

Wer war's?

Als ob er noch am Leben wäre

Ich hänge nicht am Leben«, hatte er einmal zu seiner Frau gesagt und hinzugefügt: »Ich bin sicher, wenn ich eine schwere Krankheit hätte, würde ich mich sofort ergeben; ich würde nicht um mein Leben kämpfen, ich habe keine Zähigkeit.« Genauso war es auch gekommen. Eines Tages war er krank geworden, wobei die Krankheit – es war Typhus – zu spät erkannt wurde, und er war, erst 42 Jahre alt, gestorben.

Seine Frau, die mit ihm in sehr glücklicher Ehe gelebt hatte (aus der neun Kinder hervorgingen), schien es, daß mit dem Leben des geliebten Mannes auch das ihre aufgehört hatte. »Das Glück meines Lebens ist zu Ende«, schrieb sie, »die Welt kann mir nichts mehr geben!« Und dabei blieb sie, obwohl sie den Mann um fast vierzig Jahre überlebte.

Allerdings siechte sie nun nicht etwa dahin – dazu hatte sie viel zuviel zu tun. Zwar weigerte sie sich noch nach vielen Jahren, die Trauerkleidung abzulegen (was ihr von vielen sehr verübelt wurde), und lebte in fast völliger Zurückgezogenheit, aber sie hatte sich ein Ziel gesetzt: nämlich, so schrieb sie, »daß alle seine Wünsche – seine Pläne – in allem und jedem, seine Ansichten über alles und jedes mir Gesetz sein sollen! Und keine Macht auf Erden kann mich davon abbringen, das zu tun, was er beschlossen und gewünscht hat.«

Im Grunde wollte sie nichts anderes, als mit ihm weiterleben, indem sie so tat, als wäre er noch da. In seinen Zimmern ließ sie alles, wie es im Augenblick seines Todes gewesen war. Nahezu vierzig Jahre lang wurde Abend für Abend sein Bett zurechtgemacht, wurde seine Kleidung für den nächsten Tag bereitgelegt, wurde das Waschbecken mit Wasser gefüllt. Die

Zeit sollte überwunden werden, indem sie versuchte, sie anzuhalten.
Aber dieses Experiment konnte ihr nur dann sinnvoll erscheinen, wenn es ihr gelang, auch die eigene Zeit allmählich zum Stillstand zu bringen – anders würde sie sich von dem geliebten Toten ja nur desto weiter und rascher entfernen! Daher befahl sie, auch alles das unverändert zu lassen, was sie selber betraf – ihre Möbel, ihre Sammlungen, das viele Geschirr, ihre Kleider, Mäntel, Pelze, Sonnenschirme. Nichts, kein Geschenk, kein Gemälde, keine Fotografie, keine Vase, auch nicht die Puppen aus ihrer Kinderzeit, nicht ein einziges Ding, das ihr gehörte – und ihr gehörte unendlich viel –, durfte weggegeben oder verändert werden. Auch nach ihrem Tode nicht! Alles wurde listenmäßig erfaßt. Und damit alles so erhalten werden konnte, auch wenn irgend etwas erneuerungsbedürftig war, zum Beispiel ein Möbelbezug, eine Gardine, ein Teppich, ein Stuhl, ließ sie alles genau fotografieren. Alles wurde außerdem numeriert und beschrieben, und auch der genaue Platz im Zimmer wurde festgehalten. Der Katalog, der auf diese Weise zustande kam, umfaßte schließlich eine lange Reihe riesiger Bände, in denen sie häufig blätterte.
Dieser eigenartige Versuch, die Vergänglichkeit zu besiegen – übrigens kein durchaus persönlicher, sondern zugleich ein zeittypischer Zug –, blieb nicht allein auf die Dinge beschränkt. Soweit es irgend möglich war, erfaßte er auch das, was notwendigerweise noch einen Ablauf der Zeit darstellte. Auch er wurde katalogisiert, programmiert, auf Jahre hinaus bis ins einzelne festgelegt. So wurde auch hier, in der Form regelmäßiger Wiederkehr, der Versuch gemacht, die Vergänglichkeit zu überspielen.
Indem dies alles ja wesentlich in ihrer Liebe zu dem Verstorbenen wurzelte, forderte sie eine ähnliche Verehrung des Toten auch von anderen, zumal sie der Meinung war, er habe zu Lebzeiten von anderen nicht die ihm gebührende Anerkennung

gefunden. Deswegen wurden regelmäßig Gedenkfeiern veranstaltet, und vor allem sorgte sie dafür, daß ihm Denkmäler errichtet wurden.
Eines, an dem länger als ein Jahrzehnt gearbeitet wurde – nicht etwa von einem einzigen Bildhauer, sondern von einer Unzahl von Arbeitern, Metallgießern und Hilfsbildhauern –, hat allein als Sockel einen Fries mit 170 lebensgroßen Marmorfiguren, darüber vier Kolossalgestalten der christlichen Haupttugenden und vier weitere Kolossalgestalten der allgemein-menschlichen Haupttugenden, dazu acht Bronzestatuen als Verkörperungen der wichtigsten Wissenschaften – Astronomie, Philosophie, Chemie, Geologie, Geometrie, Rhetorik, Medizin und Physiologie. Und dann als Hauptfigur der Verewigte, sitzend, nahezu zehn Tonnen schwer, aus vergoldeter Bronze, in der rechten Hand einen Ausstellungskatalog haltend ...
Aber weniger durch dieses monumentale noch durch ähnliche Denkmäler wurde sein Name vor dem Vergessen bewahrt – da war noch ein anderes Projekt, ein Bauwerk, das ihm zu Gedenken errichtet und nach ihm benannt wurde. Es trägt noch heute seinen Namen.
Nach ihr aber heißt ein ganzes Zeitalter.

Wer war's?

Schüchtern und verschlossen, aber hochbegabt

Als sie auf die Welt kam, als ihr erstes Kind, waren sie erst eine richtige Familie, und alles war in Ordnung. Da waren der 37jährige Vater und die sieben Jahre jüngere Mutter, die hart und erfolgreich arbeiteten und anerkannt waren, aber für ein Kind eigentlich gar keine Zeit hatten. Ein erstes Problem kündigte sich bereits zwei Monate nach der Geburt an, was die Mutter ihrem Vater brieflich mitteilte:

»Ich stille meine Kleine noch, wir haben aber neuerdings gefürchtet, daß ich es nicht fortsetzen könnte. Das Gewicht des Kindes war plötzlich zurückgegangen. Es sah schlecht aus, war matt und leblos. Seit einigen Tagen geht es besser. Wenn es normal zunimmt, werde ich es weiter stillen. Wenn nicht, werde ich eine Amme nehmen, obwohl ich darüber sehr traurig wäre, und trotz der Ausgabe: Um nichts in der Welt würde ich die Entwicklung meines Kindes schädigen wollen . . .«

Wenig später riet ihr ein Arzt wegen ihres unguten Gesundheitszustandes dringend vom Stillen ab; er befürchtete eine tuberkulöse Schädigung der Lunge, weil ihre Mutter an Tuberkulose gestorben war. Viel später wurden andere Ursachen vermutet, die mit ihrer Arbeit zusammenhingen.

Daß sie zum Arbeiten überhaupt Zeit aufbringen konnte, war ihrem Schwiegervater zu danken. Er hatte seine ärztliche Praxis aus Altersgründen geschlossen, und als seine Frau wenige Tage nach der Geburt der Enkelin starb, zog er zu seinem Sohn und der Schwiegertochter und nahm sich der Erziehung seiner Enkelin an, später auch deren sieben Jahre jüngeren Schwester, die Journalistin wurde und eine Biographie ihrer Mutter schrieb. Darin heißt es:

»Er ist der Spielkamerad, der Lehrer, weit mehr als die Mutter, ... der unvergleichliche Freund ... dieses scheuen Kindes ... Er begnügt sich nicht damit, sie in die Naturgeschichte, in die Botanik einzuführen, ihr seine Begeisterung für Victor Hugo mitzuteilen, ihr während der Ferien anregende ... Briefe zu schreiben; er ist es, der ihr geistiges Leben in entscheidender Weise beeinflußt. Das seelische Gleichgewicht, ... ihre Abneigung, sich Kummer und Schmerz hinzugeben, ihren den Realitäten des Lebens zugewandten Sinn, selbst ihren Antiklerikalismus und ihre politischen Sympathien hat sie unmittelbar von ihrem Großvater übernommen.«

Die Mutter hielt mit geradezu wissenschaftlicher Akribie die Entwicklung der Tochter in Zahlen fest, zum Beispiel Größe und Gewicht betreffend oder das Gebiß: »Sie hat ihren siebenten Zahn bekommen, links unten. Sie kann eine halbe Minute lang allein stehen ...« Oder: »Sie hat fünfzehn Zähne!«

Als sie acht und ihre Schwester noch nicht zwei Jahre war, mußte die Familie einen schweren Schicksalsschlag hinnehmen; der Vater wurde Opfer eines Verkehrsunfalls. Als er im Regen rasch mit aufgespanntem Schirm die Straße überqueren wollte, übersah er ein schweres Pferdefuhrwerk, geriet zwischen die scheuenden Pferde, stürzte aufs Pflaster und wurde von einem der Hinterräder derart überrollt, daß sein Kopf zertrümmert wurde. Zwei Stunden nach dem Unfall wurde der blutige, entsetzlich entstellte Leichnam zu ihr ins Haus gebracht.

In den folgenden Tagen stand sie am Rande eines Nervenzusammenbruchs, und sie brachte es erst nach der Beerdigung über sich, der achtjährigen Tochter zu sagen, daß der Vater tot war; sie meinte, die Tochter werde es nicht begreifen. Sie begriff aber doch. Die Mutter brachte es noch nach Jahren nicht über sich, zu den Töchtern über den Vater zu sprechen, ja auch nur seinen Namen zu nennen.

Das Leben ging weiter, und die Mutter arbeitete noch mehr, gleichsam für den Toten mit. Und allein war sie ebenso erfolg-

reich wie einst neben ihm, finanziell sogar mit mehr Glück. So wie sie ihrem Mann folgte, folgte nach einigen Jahren die schüchterne, aber hochbegabte Tochter ihrer Mutter, zunächst als deren Schülerin, bald als Partnerin. Auch im Krieg arbeiteten sie weiter, und es zeigte sich, daß durch ihre Forschungen vielen verwundeten Soldaten geholfen werden konnte.
Nach dem Krieg arbeitete sie wissenschaftlich in dem von der Mutter geleiteten Institut. Dort begegnete sie dem Mann, den sie heiratete, nachdem sie mit 28 Jahren Doktor geworden war. Ihre Ehe, mit zwei Kindern, wurde gleich der ihrer Eltern eine erfolgreiche Arbeitsgemeinschaft, die ebenso rühmlich ausgezeichnet wurde wie einst die elterliche. Daß ihnen ihre Arbeit den Tod bringen könne, scheinen sie zumindest geahnt zu haben. Sie war 58, als sie – wie auch die Mutter – an akuter Leukämie starb.

Wer war's?

Seit jener großen Katastrophe suchte sie immer nach einem Vater

Sie war 25, als sie begann, ihre Memoiren zu schreiben, und so anfing: »Ich stamme von zwei der besten jüdischen Familien ab. Einer meiner Großväter wurde wie Jesus Christus in einem Stall geboren, oder besser: über einem Stall in Bayern, und mein anderer Großvater war Hausierer.«

Unter welchen Mühen es ihre Familien zu Wohlstand und Ansehen brachten, führte sie nicht aus. Sie schrieb nur, daß ihr Großvater mütterlicherseits ein geschätzter Banker und Vorsteher der »wohl feinsten Synagoge New Yorks« war. Aufgrund seines Reichtums konnte er in eine der ältesten jüdischen Familien New Yorks einheiraten. Diese sehr große Familie galt als die feinere. Doch ihre Familie väterlicherseits sei die reichere gewesen.

Den Vater liebte sie über alles; er stand für sie stets an erster Stelle. An zweiter kam für sie die etwas ältere Schwester, während sie auf die jüngere Schwester ungeheuer eifersüchtig war. Die Mittzwanzigerin erinnerte ihre Kindheit als »unmäßig einsam und traurig«, aber die Abendgesellschaften, zu denen sie zugelassen war, gefielen ihr, denn – heißt es in einer neuen Biographie – »sie verliebte sich schon früh in erwachsene Männer«. Früh erkannte sie auch, daß die elterliche Ehe nur eine Fassade war:

»Als ich fünf oder sechs Jahre alt war, fing mein Vater damit an, Geliebte zu haben ..., dies trübte meine Kindheit; ich wurde ständig in die Probleme meiner Eltern hineingezogen, und das machte mich frühreif.« Aber der Vater, gut aussehend und immer elegant, gewann durch seine Affären in ihren Augen noch mehr an Faszination. Und sein früher Tod mit 47 Jahren beim Untergang der »Titanic« traf die Zwölfjährige zutiefst: »Sein Tod berührte mich ungeheuer. Ich brauchte Monate, um über den schrecklichen Alptraum der ›Titanic‹, und Jahre, um über den Tod meines Vaters hinwegzukommen. In gewisser Hinsicht habe ich mich eigentlich nie davon erholt, denn ich glaube, seitdem suche ich immer nach einem Vater.«

Zunächst aber setzte sie ihrem toten Vater ein Denkmal, indem sie seine Opferrolle bei der Katastrophe schilderte, wobei sie sich auf die Angaben eines geretteten Stewards berief: »Er sagte, mein Vater und sein Sekretär hätten Abendanzüge angelegt, um in den Tod zu gehen. Sie wollten als Gentlemen sterben, und das taten sie ganz gewiß, denn galant überließen sie ihre Plätze in den Booten Frauen und Kindern. Nie fand man die Leiche meines Vaters ...«

Später meinte sie, der Steward habe das erfunden, in der Hoffnung, von der Familie ein gutes Trinkgeld zu bekommen. Da war sie schon kritischer und infolge der Erbschaft auch selbstbewußter. Vier Jahre nach Vaters Tod erbte sie »ein kleines Vermögen«, und nach sieben Jahren kamen noch 450 Tausend Dollar hinzu. Von da an kaufte sie nie mehr etwas, ohne den geforderten Preis gedrückt zu haben.

Nur einmal mißlang ihr das. Da ging es um ihre Nase, die ihr als riesige Kartoffel erschien, ein Familienerbe, das sie leid war. Eben volljährig, ging sie zu einem Chirurgen, um die Nase verkleinern zu lassen. Mitten während der Operation sagte man ihr, das von ihr gewünschte Modell sei nicht realisierbar; sie solle sich ein anderes aussuchen. Da ließ sie die Operation abbrechen, mußte aber trotzdem die vereinbarten tausend Dollar zahlen, und die Nase blieb noch lange geschwollener als je zuvor.

Mit 24 heiratete sie einen wenige Jahre älteren Schriftsteller, der gut aussah und dessen Bildung ihr imponierte. Daß er Juden nicht mochte und ihr während der Hochzeitsreise auf Capri sagte, am liebsten würde er alle ihre reichen Onkel von den Klippen ins Meer stürzen (wie es einem Gerücht zufolge einst der römische Kaiser Tiberius mit Verbrechern gemacht haben soll), und daß er ein Schläger war, merkte sie zu spät.

Er war ein Wutkopf und schlug aus kleinsten Anlässen auf sie ein, nicht nur daheim, sondern auch in der Öffentlichkeit, in Hotels und Bars, wobei er oft ganze Einrichtungen zerstörte. Er schlug sie sogar auf der Straße. In Paris rettete sie sich einmal in eine Polizeiwache; als sie sich auswies, sagten ihr die Polizisten, als seine Frau müsse sie das hinnehmen.
Daß sie es über Jahre hinnahm, ist erstaunlich. Vielleicht ertrug sie es wegen der Kinder, die sie in den ersten Ehejahren zur Welt brachte, einen Sohn und eine Tochter.
Was ihn immer ärgerte, war das Geld, ihr Geld, das sie ihm zuteilte zu seinem Verbrauch; selber verdiente er so gut wie nichts. Und was sie mit ihrem Geld machte, bestimmte sie, sie allein.

Wer war's?

Hitler schenkte einen Toten

In einer Winternacht des Jahres 1940 wurde auf einer Lafette ein Sarkophag durch das verdunkelte Paris gefahren. Der Tote war gewissermaßen ein Geschenk Hitlers an die Franzosen, die kurz zuvor kapituliert hatten – eine diplomatische Geste gegenüber Marschall Pétain, der im Ersten Weltkrieg so erfolgreich Verdun verteidigt hatte und nun als führerähnlicher Staatschef des von deutschen Truppen unbesetzt bleibenden Restfrankreichs in einer Zusammenarbeit mit Deutschland das »kleinere Übel« sah. Vor allem für diese Kollaboration »schenkte« Hitler jenen Toten, dem Angehörige der Waffen-SS um Mitternacht, während es leicht zu schneien begann, entlang der Seine und an den Tuilerien vorüber das Geleit gaben.

Als er noch lebte, hatten die Franzosen ihm verboten, nach Frankreich zurückzukommen. Als er schon lange tot war und Frankreich sich um ihn bemühte, war er den Franzosen verweigert worden. Jetzt, in der Nacht vom 14. zum 15. Dezember 1940, empfingen sie ihn mit hellen Trompetensignalen, so wie er in derselben Stadt schon einmal mit Salutschüssen begrüßt worden war.

Schon als Dreijähriger hatte er die Stadt und das Land verlassen müssen. In der neuen Umgebung – so war es angeordnet worden – durfte nichts ihn an jenes Land erinnern, für das er einst bestimmt gewesen war. Nicht einmal seine Landessprache durfte ihm vertraut bleiben – auch sie sollte er vergessen, obwohl doch der Adel ganz Europas eben jene Sprache bevorzugte. Bald schon trennte man ihn auch von seiner Mutter. Sie wurde auf Reisen geschickt und schließlich – man kann es nicht anders nennen – mit einem Mann verkuppelt, um den Sohn und vor allem dessen Vater zu vergessen, den die ganze Welt vergessen sollte.

Dem Vater war er eine große Hoffnung gewesen – die anderen waren froh, als er starb, fast noch ein Jüngling. In seinem kurzen Leben hatte man ihm fünfmal andere Namen und andere Titel gegeben. Er selber hatte einmal gesagt: »Ich bin nichts als eine große Verlegenheit.« Mitten in den Wirren des Zweiten Weltkriegs fand er endlich seine Ruhe.

Wer war's?

»Ich hatte immer das Gefühl, ich sei ein Nichts . . .«

Zwölf Tage nach der Geburt wurde sie von ihrer Mutter zu Pflegeeltern gegeben. »Vermutlich war ich ein Versehen«, schrieb sie später, »meine Mutter hat mich nicht gewollt; ich war ihr wohl im Weg, und es muß eine Schande für sie gewesen sein, daß ich überhaupt existierte.« Sie war ihr drittes Kind; die ersten beiden lebten beim Ex-Ehemann, von dem die Mutter geschieden war. Wer ihr Vater war, ist nicht bekannt.

Sieben Jahre blieb sie bei den Pflegeeltern, die mit der Betreuung von Kindern Geld verdienten; der Mann war Postbote, sie Hausfrau. Beide gehörten zu einer religiösen Gemeinde, die jedes weltliche Vergnügen für Sünde hielt. In diesem Sinn erzogen sie die Pfleglinge und warnten sie früh vor Alkohol und Zigaretten. Später, in einem Interview, sagte sie: »Jeden Abend mußte ich beten, damit ich nicht in die Hölle komme.«

Nachdem sie heimgeholt worden war, betete sie auch für ihre »richtige« Mutter, die für den Lebensunterhalt hart arbeiten mußte, aber auch viel Geld für Zigaretten ausgab und mit einer Freundin gern ausging: »Sie tanzten und sangen, sie tranken und spielten Karten und hatten viele Freunde. Irgendwie war ich schockiert, weil ich so fromm erzogen war – ich dachte, sie würden alle in die Hölle kommen, und habe stundenlang für ihr Seelenheil gebetet.«

Doch der Mutter half das nicht; mit 32 Jahren wurde sie depressiv und kam in ein Sanatorium, wo man sie für verrückt erklärte. Da nahm die Freundin sich der Achtjährigen an und erhielt die Verfügungsgewalt über den Besitz der Kranken. Bald danach heiratete sie, doch der Mann, der kein Geld, aber eine Tochter in die Ehe brachte und nur sporadisch arbeitete, drängte sie, das

Pflegekind ins Waisenhaus zu geben, um einen Esser weniger im Haus zu haben.
Sie war neun, als sie ins Waisenhaus kam, wo Platz für 60 Kinder war. Nicht alle waren Waisen. Sie bekam an Wochenenden regelmäßig Besuch von der Freundin ihrer Mutter. Die Freundin versprach ihr immer wieder, sie bald nach Hause zu holen. Als sie sich einmal fünf Wochen lang nicht sehen ließ, war das Kind so verunsichert, daß es zu stottern begann und bei geringsten Anlässen in Tränen ausbrach. Da erfand sie für sich Postkarten von Vater und Mutter, die auf Weltreise seien und bald zu ihr kämen.
Eine Woche nach ihrem elften Geburtstag wurde sie endlich abgeholt und kam zu der Freundin, die nun die Vormundschaft hatte. Aber durch den Ehemann endete das Glück auf häßliche Weise, weil er versuchte, die Elfjährige zu vergewaltigen. Sie konnte sich befreien und rief die Freundin. Die reagierte rasch und gab sie abermals weg, zunächst in ein Heim, dann zu entfernten Verwandten.
Zu der Zeit kam ihre Mutter in eine geschlossene Anstalt, weil sie versucht hatte, aus dem Sanatorium zu fliehen. Durch die Krankheit der Mutter war die Tochter von Kindheit an verunsichert. Später wurde ihre Furcht, ebenfalls geisteskrank zu werden, immer größer. Sie litt ständig unter Angst und Minderwertigkeitsgefühlen, unter diesen schon wegen ihrer lückenhaften Schulbildung. In den verschiedenen Schulen zählte sie zu den mittelmäßigen Schülern. Nach eigener Aussage war sie »sehr still, und einige nannten mich auch oft die Maus; ich glaube, daß ich nicht sehr beliebt war«.
Dies änderte sich, als sie mit 13 Jahren auffallend gut entwickelt war. Auf dem Schulweg »hupte jeder Kerl wie verrückt«, erinnerte sie sich, »die Welt wurde freundlich«. Aber auch gefährlicher: Im Jahr zuvor hatte ein gleichaltriger Cousin sie zu sexuellen Handlungen gezwungen, was sie erst nach Jahren erzählte. Über Sex habe sie nichts gewußt, »und das war wahrscheinlich auch gut so«.

Mit eben 16 Jahren wurde sie mit einem jungen Mann verheiratet, auf Drängen ihrer Vormundtante, bei der sie wieder lebte: »Ich hatte keine Wahl... Sie konnten mich nicht ernähren, und deshalb mußten sie sich etwas einfallen lassen.« Und: »Die Ehe machte mich nicht traurig, aber ... auch nicht glücklich. Mein Mann und ich redeten kaum miteinander ... Wir hatten uns einfach nichts zu sagen.« Es endete mit Scheidung, wie zwei spätere Ehen auch.

Es blieb ihre Unsicherheit, auch noch als sie erfolgreich war und weltberühmt. Und es blieb die Angst. Da halfen weder Medikamente, noch Therapeuten. Als sie unter einem neuen Namen lebte, sagte sie: »Ich hatte immer das Gefühl, ich sei ein Nichts. Der einzige Weg für mich, etwas zu sein, war der, daß ich – nun jemand anderes war.«

Wer war's?

Besessen von unbezähmbarer Eßlust

Er galt als der reichste Mann der Welt. Und er war sehr mächtig. Dennoch litt er an Minderwertigkeitsgefühlen, und zwar wegen eines körperlichen Defektes, der ihm das Atmen und vor allem das Sprechen erschwerte. Er stotterte, und seine Aussprache war so undeutlich, daß er oft, besonders von Fremden, einfach nicht verstanden wurde. Das hat ihm ein Leben lang zu schaffen gemacht. Es machte ihn einsam, fremd in seiner Zeit.

Etwas anderes aber, das er vielleicht hätte ändern können, machte ihm genaugenommen noch sehr viel mehr zu schaffen. Das war seine starke, unbezähmbare Eßlust. Bei Tisch konnte er keinen Gang auslassen. Er nahm von jeder Speise, die ihm angeboten wurde, und von denen, die er besonders gerne mochte, nahm er gewaltige Mengen. Selbst wer häufig mit ihm aß, war darüber immer wieder erstaunt. Einer berichtet: Wenn es zum Beispiel bei einer Mahlzeit Suppenfleisch, Hammelbraten, Hasenbraten, gebratenen Kapaun gab, dann nahm er von allem sehr reichlich, und noch riesiger waren die Mengen, die er dazu trank – »fünfmal steckte er seinen Kopf ins Glas, und jedesmal trank er gewiß nicht weniger als einen Liter Rheinwein«.

Vergeblich mahnten die Ärzte ihn zur Mäßigung. Während er sich in anderen Dingen nie gehenließ und sich ständig Höchstleistungen abverlangte und Tag für Tag ein ungeheures Arbeitspensum bewältigte, hat er seiner Eßlust fast nie Grenzen gesetzt, obwohl die Ärzte darin die Ursache für sein schweres Gichtleiden sahen. Schon mit dreißig litt er an der Gicht. Von Jahr zu Jahr wurde die Krankheit schlimmer. Immer häufiger und immer heftiger kamen die schmerzhaften Gichtanfälle, besonders in den Händen und in den Armen, aber auch in Füßen und Beinen. Schon bald konnte er nicht mehr aufs Pferd, und nur mühsam konnte er gehen. Als er 48 Jahre alt war, gaben die Ärzte ihm noch achtzehn Monate. Auch da war er nicht bereit, die von ihnen empfohlene Diät einzuhalten.

Seine Eßsucht war übrigens eine Familieneigenschaft. Zwei Verwandte von ihm, einer seiner Urgroßväter und ein Neffe, waren im Essen genauso maßlos wie er, und man sagt, daß sie dadurch ihr Ende wesentlich beschleunigt haben. Bei ihm ließ der Appetit erst in den letzten Monaten seines Lebens nach. Zu jener Zeit hatte er sich von der Welt längst zurückgezogen. Er starb, 58 Jahre alt, in einem Kloster.

Wer war's?

Immer wieder hat er sich verrechnet

Ich habe keine glückliche Kindheit gehabt, und mein Frühling war nicht mit Blumen geschmückt; jetzt werde ich einen strahlenden Sommer haben und den allersüßesten Herbst.« Als er das schrieb, war er 51 Jahre alt, und er glaubte wirklich, daß nun sein Sommer begänne, an der Seite jener Frau, um die er länger als ein Jahrzehnt geworben hatte und die ihn jetzt endlich geheiratet hatte. Das Haus, das er vier Jahre zuvor gekauft und so kostspielig eingerichtet hatte, stand bereit.

Doch es gibt ein arabisches Sprichwort: »Wenn das Haus fertig ist, kommt der Tod.« Hier sollte es wahr werden. Und so hatte er sich wieder einmal verrechnet, wie immer in seinem Leben, wenn es um die Verwirklichung seiner Träume ging.

Lange Jahre härtester und (wenn auch nicht in finanziellem Sinne) höchst erfolgreicher Arbeit hatten ihn nicht jene Sicherheit finden lassen, die er ersehnte, um in Ruhe sein Werk vollenden zu können. Wenn es ums Geld ging, hatte er immer Pech. Ein Verlagsobjekt, an dem er sich mit einer geliehenen Summe beteiligte, ging in Konkurs, und statt mit Gewinn stand er mit Schulden da. Unerschütterlich im Glauben an seinen Erfolg, erwarb er mit neuem Kapital eine Buchdruckerei. Nach nur einem Jahr aber war das Unternehmen pleite. Er brachte ein drittes Mal Kapital zusammen und kaufte sich dafür eine Letterngießerei. Damit war er schon nach fünf Monaten am Ende, und seine Schuldenlast war gewaltig geworden. Zu allem Unglück wurde er wenig später noch in den Konkurs eines anderen hineingerissen. Dann beteiligte er sich an Silberminen. Wieder hatte er große Verluste. Und ebenso erging es ihm, als er Eisenbahnaktien kaufte.

Daß er trotz allem immer wieder auf die Beine kam, lag an seiner kaum vorstellbaren Arbeitskraft, der er bedingungslos vertraute. Aber auch da hatte er sich schließlich verrechnet. Eines Tages konnte er sein gewohntes Pensum nicht mehr erfüllen. Nach jahrzehntelanger Überforderung war er völlig erschöpft.

Er aber meinte, nach einem kurzen Urlaub nur um so härter und erfolgreicher arbeiten zu können. Sein Hauptinteresse galt inzwischen der Einrichtung des Hauses. Unsummen gab er dafür aus, die er – man weiß nicht wie – noch aufgetrieben hatte. Auch dabei kam es immer wieder zu Fehlspekulationen. Zum Beispiel kaufte er ein Service in »altem China« und triumphierte: »Ich habe es für dreihundert bekommen. Wert ist es mindestens sechstausend.« Aber wenige Tage später mußte er einsehen, daß das chinesische Porzellan aus Holland stammte.

Ein anderes Mal entdeckte er einen Sekretär und eine Kommode, und wieder ging seine ewig spekulierende Phantasie mit ihm durch: »Das sind Prachtstücke aus einem Schloß. Es handelt sich um den Sekretär und die Kommode, die in Florenz für Maria de Medici hergestellt wurden. Sie tragen ihre Wappen...« Er erwirbt beide für 1 350 Franc und spekuliert: »Die Kommode allein ist viertausend wert. Ich werde sie dem König verkaufen...« Aber in seinen Phantasien bleibt es nicht bei viertausend. Er gibt eine Annonce auf, daß »ganz durch Zufall ein Möbelstück von höchstem historischen Wert wiederentdeckt« wurde. Händler kommen, und aus deren Interesse schließt er, die Kommode sei 60 000, ja 70 000 wert, und fordert auch soviel. Es vergehen Jahre, ohne daß jemand auch nur 5 000 für beide Möbelstücke zu zahlen bereit ist. Und tatsächlich waren sie das bei weitem nicht wert; schon er selber hatte sie zu teuer bezahlt.

Das Spekulieren konnte er nicht lassen. Als er zu seiner zukünftigen Frau ins Ausland fährt und auf deren Besitzung große Eichenwälder sieht, träumt er noch einmal von dem großen Coup seines Lebens, mit einem Schlag aus allem heraus zu sein.

Ihm fällt ein, daß in seiner Heimat »ungeheure Mengen von Eichenholz für Eisenbahnschwellen« gebraucht werden; »ich weiß, daß Eichenholz sich im Preis verdoppelt hat«. Und er kommt zu dem Ergebnis, daß ihm der Verkauf dieser Bäume, zu dem er die Familie seiner Braut überreden will, nach allen Abzügen für das Fällen, Zersägen, die Fracht und für beteiligte Bankiers einen Reingewinn von nahezu einer halben Million bringen müsse. Aber es bleibt ein Traum, denn die Familie machte nicht mit – wahrscheinlich zu ihrem Glück.

Nicht nur Geschäfte mit ihm, auch eine Ehe mag der Frau wegen seiner Fehlspekulationen und seiner Neigung zu Verschwendung als allzu großes Wagnis erschienen sein. Jedenfalls stimmte sie der Heirat erst zu, als die Ärzte sagten – was er aber nicht wußte –, daß er nur noch eine kurze Zeit zu leben haben würde. Also zog er zwar endlich mit der geliebten Frau in sein Haus ein, aber nur, um darin zu sterben, wenige Wochen nach dem Einzug.

Wer war's?

Mit Mut und Zuversicht hat sie den Thron gerettet

Wann genau sie auf die Welt kam, weiß niemand. Und ob sie wirklich die Tochter eines Tierwärters war, der zur Partei der Grünen gehörte, ist auch nicht sicher, obgleich dies ein zeitgenössischer Historiker in einem Geheimbericht behauptete. Er muß sie abgrundtief gehaßt haben; er behauptete auch, sie habe jahrelang in einem Bordell gelebt und da bereits als Kind auf unzüchtige Weise Geld verdient:

»Für intimen Verkehr mit Männern noch nicht reif, hielt sie dies nicht ab, mit üblen Burschen wie ein Lustknabe schmachvollen Umgang zu pflegen ...« Später, als Schauspielerin, habe sie sich an immer neuen Kunstmitteln der Wollust ergötzt und sich auf der Bühne nackt ausgezogen und »ihre Schamlosigkeit offen zur Schau gestellt«.

Und weiter schrieb er: »Nirgends sonst gab es eine Frau, die derart der Lust unterworfen war. Mit zehn oder mehr jungen Männern auf der Höhe ihrer Kraft, die selber Wollust als Tagwerk betrieben, ging sie oft zu einem gemeinschaftlichen Mahl und schlief dann bei sämtlichen Gästen die ganze Nacht hindurch. Wenn aber alle davon genug hatten, suchte sie noch deren Sklaven auf, etwa dreißig an der Zahl, und schlief bei jedem einzelnen von ihnen«, aber selbst dann habe sie noch nicht genug gehabt.

Und immer wieder sei sie schwanger geworden, habe aber »durch alle möglichen Kunstgriffe die Frucht stets abzutreiben« vermocht. Irgendwann in finanzielle Not geraten, habe sie die Metropole verlassen und dann »in jeder Stadt« des riesigen Ost-Reiches weiterhin ihr Gewerbe ausgeübt.

Als sie zurückkam, lernte sie den Neffen des mächtigsten Mannes im Staat kennen, der sich in sie verliebte und sie heiraten wollte. Schon dies spricht dafür, daß sie nicht so gewesen sein kann, wie der Historiker und Hofmann sie darstellte. Daß es zur Hochzeit kam, ist ein weiteres Indiz; denn eine Hure hätte er in seiner Stellung niemals heiraten können. Inzwischen war er Mitregent und designierter Nachfolger des Herrschers. Die Heirat hat er nie bereut. Als er nach dem Tod des Onkels an die erste Stelle gerückt war, machte er seine Frau, der er stets vertraute, zur Mitregentin. Von da an erschien auch ihr Name auf Erlassen und Verträgen. Einfluß nahm sie bei Besetzungen kirchlicher und ziviler Ämter. Aus ihrem beträchtlichen Vermögen gründete und förderte sie große Stiftungen für Kirchen, Klöster, Waisenhäuser und Spitäler.

Daß sie couragierter war als ihr Mann, zeigte sich einige Jahre später. Da kam es zu einem Aufstand der Grünen, die sich mit den Anhängern der Blauen gegen den Herrscher verbündet hatten. Vereint forderten sie die Absetzung der höchsten Beamten. Um ihrer Forderung Nachdruck zu geben, zündeten sie eine Kirche an, die neben dem Herrscherpalast lag, und sie drohten, einen Gegenherrscher auszurufen. Als der Herrscher gegen die Aufständischen, die immer mehr öffentliche Gebäude in Brand steckten, Truppen einsetzte, wurden sie zurückgedrängt. Die Lage spitzte sich gefährlich zu, und die Generäle rieten ihm zur Flucht. Er wollte ihrem Rat folgen. Doch da meldete sich seine Frau zu Wort:

»Ich hoffe, daß man in diesem Augenblick nicht zu behaupten wagt, einer Frau gebühre unter Männern keine Stelle, und es sei nicht in der Ordnung, wenn sie Ängstlichen Kühnheit empfiehlt ... Ich bin der Meinung, daß Flucht jederzeit und so auch jetzt verwerflich ist ... Für einen Herrscher ist es unerträglich, in der Welt als Flüchtling umherzuirren ... Ich bleibe.« Da blieb auch er, und mit Hilfe seiner Generäle und der Armee gelang es ihm, den Aufstand niederzuschlagen. So hat sie durch Mut und Standhaftigkeit ihm und sich den Thron gerettet.

Gemeinsam haben sie von da an noch anderthalb Jahrzehnte das Reich regiert. Sie kümmerte sich vorwiegend um den Ostteil, er um die Rückeroberung und Wiedereingliederung des älteren Westens und des Südens, die unter ihren Vorgängern an andere Völker verlorengegangen waren. In ihrer Politik waren sie sehr erfolgreich, obgleich da viele schwierige Probleme anstanden. Er selber schrieb: »Mit Gottes Ermächtigung lenken wir das Reich, das uns von der himmlischen Majestät übergeben worden ist, führen wir erfolgreich Kriege, geben dem Frieden Zierde und erhalten das Gemeinwesen in seinem Zustand...« In dem Geheimbericht des Historikers aber wurde er als Teufelsfratze, Unterdrücker und Ausbeuter dargestellt – gleich nach dem Tod der jenem so verhaßten Herrscherin.

Wer war's?

Der Denker und die Wanzen

Denken, Beobachten, aus dem Gesehenen Schlüsse ziehen und auf diese Weise allgemeingültige Erkenntnisse gewinnen: das war seine Stärke. Doch nicht dies allein ließ ihn einen der tiefsten Einschnitte in der Geistesgeschichte herbeiführen. Neu und entscheidend war, daß er die Unmöglichkeit einsah, nur mit Hilfe der Vernunft, das heißt bloß durch logisch-begriffliche Operationen, irgend etwas über die Existenz oder das Kausalverhältnis wirklicher Dinge »auszumachen«. Andererseits könne man auch – so lehrte er – aus den »gegebenen« Begriffen allein der Realität nicht beikommen. Zu erkennen, was wirklich ist, müsse also, meinte er zu Recht, ein ziemlich komplizierter Vorgang sein, von dem noch dazu gar nicht immer feststeht, ob er tatsächlich zum Ziel führt.

Diese Schwierigkeit zeigte sich manchmal sogar bei ihm selber; auch er kam ab und an zu »festen Wahrheiten«, die einigermaßen überraschen. So zum Beispiel in seinem Kampf gegen die Wanzen in seinem Schlafzimmer. Durch einen Fehler im Beobachten war er zu einer eigenen Hypothese über ihre Erzeugung und Vermehrung gekommen, mit der er absolut allein blieb.

Um sein Schlafzimmer, das ziemlich sonnig lag, kühl zu halten, ließ er tagsüber die Fensterläden dicht geschlossen. Einmal jedoch, als er für ein paar Tage verreiste, vergaß er beziehungsweise sein Diener, die Läden zu schließen. Und als er wiederkam, merkte er nach kurzer Zeit, daß er Wanzen hatte. Da er überzeugt war, vorher keine gehabt zu haben, und auch die Möglichkeit ausschloß, die Wanzen von der Reise mitgebracht zu haben, kam er zu dem Schluß, das Sonnenlicht müsse zur Existenz und zur Vermehrung jenes Ungeziefers unbedingt erforderlich sein. Und weiter schloß er dann: Wenn man das Schlafzimmer nun wieder – wie zuvor – dunkel halte, dann könnten sich die Tiere nicht weiter vermehren und würden also aussterben.

Von dieser »Erkenntnis« ließ er sich nicht abbringen. Wenn Zweifel vorgebracht wurden, nannte er als Beweis den Erfolg seiner Methode: Nach jener kleinen Reise wurden die Fensterläden wieder sorgfältig geschlossen gehalten, und schon bald brauchte er über Wanzen nicht mehr zu klagen. Daß sein Schlafzimmer inzwischen gründlich gereinigt worden war, ließ unser Philosoph, obwohl er zweifellos zu den kritischsten Denkern aller Zeiten zählt, völlig außer acht (vielleicht, weil man es ihm nicht ausdrücklich gesagt hatte). Er war und blieb davon überzeugt, die Wanzen durch die Finsternis vertilgt zu haben.

Und bis zum Ende seines Lebens bestand er darauf, daß sein Schlafzimmer – inzwischen hatte er die Wohnung gewechselt und lebte in einem eigenen Haus – tagsüber dunkel blieb. Der Erfolg schien ihm die Methode zu rechtfertigen. Doch konnte er nicht wissen, was einer seiner Freunde, der viele Jahre lang für ihn sorgte und dem er die Leitung seines Hauswesens und seines Vermögens anvertraute, später dazu schrieb:

»Ich ließ ihn bei seiner Meinung, sorgte für die Reinigung seines Schlafzimmers und Bettes, wodurch die Wanzen sich verminderten, obgleich die Läden und Fenster, um frische Luft zu schaffen, fast täglich – freilich ohne sein Mitwissen – geöffnet wurden.«

Wer war's?

Ein schreckliches Geheimnis voll Scham und Schande

In den Erinnerungen der über Siebzigjährigen heißt es: »Als ich in die Grundschule kam, ließ man mich die ganze erste Klasse überspringen.« Und: »Ich ging gern zur Schule; sie war für mich ein ruhiger Hafen in sicherer Entfernung von dem häuslichen Tumult. Ich mochte meine Lehrer ... Ich hatte nicht die geringste Schwierigkeit, was das Lernen anbetraf ...«
Schwierig aber war das Leben daheim mit der psychisch kranken Mutter, die nach mehreren Selbstmordversuchen in eine Nervenheilanstalt kam. Der Siebenjährigen hatte man nur gesagt, sie sei abgeholt worden, und da hatte sie geglaubt, die Mutter sei tot. Als sie die Wahrheit erfuhr, schien ihr alles noch viel schlimmer:
»Eine tote Mutter im Himmel zu haben, war Ausdruck einer unumstößlichen Ordnung ... Aber eine Mutter, die verrückt war, mit anderen Verrückten zusammen eingesperrt, darin ... lag ein schreckliches Geheimnis voll Scham und Schande ...«
Doch im folgenden Jahr kam die Mutter zu ihr und dem Vater zurück, und das Familienleben verlief fast wieder normal. Eines Tages fragte die Mutter: »Wie ist es – hättest du Lust, Harfe spielen zu lernen wie Bertha?« Bei Bertha, einer Freundin, hatte sie zum ersten Mal eine Harfe gesehen und gehört – »so traumhaft schön« – und sie antwortete:
»Ja, Mama, das würde ich gerne«, und in den Erinnerungen setzte sie hinzu: »So wurde ich Musikerin.« Und: »Die drei bis sechs Stunden täglichen Übens empfand ich nicht als Last, sondern im Gegenteil als glückselige Zuflucht. Niemand und nichts konnte mir wehe tun, während ich mich mit einer schwierigen Passage abplagte.« Sie habe großes Glück gehabt, »denn ich bekam einen wunderbaren Lehrer«.

Als sie auch noch Klavierunterricht nahm, beendete sie die Schule, »in dem etwas jugendlichen Alter von dreizehn; alles, was ich weiß, brachte ich mir selbst bei, indem ich die Augen offenhielt, beobachtete und las.«

Aber dann mußte sie fast ein Jahr lang die Mutter pflegen, die an einem unheilbaren, schmerzhaften Krebs erkrankt war; Tag und Nacht mußte sie ihr alle vier Stunden eine Morphiumspritze geben, deren Wirkung meist nur zwei Stunden anhielt, so daß die Kranke oft »stundenlang unter Krämpfen nach der nächsten Spritze schrie«. Einzige Hilfe war ihr Hausmädchen, während der hypochondrische Vater zu seiner Mutter gezogen war. Der Arzt bestand schließlich darauf, daß eine Pflegerin bestellt wurde, und erlaubte häufigere Morphiumgaben.

Sie hatte sich zu jener Zeit mit einem Journalisten angefreundet. Am Tag nach dem Tod der Mutter sagte er zu ihr: »Jetzt ist alles vorbei. Bist du nicht froh?« – »Ich starrte ihn an, betäubt, überrascht. Und mit einemmal fühlte ich eine grenzenlose Erleichterung: ›Ja. Natürlich. Ich bin froh. Sehr froh. Und ich bin ganz schrecklich froh, daß du hier bist.‹« Ihn hat sie geheiratet, oder wie sie es sagte: »Das war der Mann, mit dem ich in ein kurzes, infantiles, unüberlegtes Unternehmen stolperte, das man schwerlich eine Ehe nennen könnte.« – Er war auch der Mann, durch den sie auf ihre Erfolgslaufbahn geriet.

Er hatte einen Verlagsvertrag, demzufolge er termingemäß Geschichten schreiben mußte. Der nächste Termin stand an, er aber war völlig blockiert. Da half sie aus. Sie hatte schon früher Erzählungen geschrieben, hatte sie aber niemandem gezeigt. Jetzt bot sie sie ihm an. Und es klappte. Bald wunderte sie sich nur darüber, »wie der Mann emsig die handgekritzelten Manuskripte seiner Frau auf der Schreibmaschine abtippte, sie dann glückselig als seine eigenen unterschreibt und zur Post bringt«.

Jahre später, als sie längst eine erfolgreiche Harfenistin war, von jenem Mann geschieden und mit einem anderen, einem Generalmusikdirektor, glücklich verheiratet, gewann sie bei einem

literarischen Wettbewerb den mit 5 000 Mark dotierten ersten Preis.
Das machte ihr Mut, Bücher zu schreiben, Romane, in rascher Folge, mit denen sie viele Leser gewann. Mit ihrem zehnten Buch hatte sie einen Riesenerfolg, auch finanziell, vor allem durch eine amerikanische Ausgabe und deren Verfilmung. Nicht lange danach reiste sie in die Staaten und blieb dort; später folgten ihr Mann und ihre zwei Söhne. Sie hat da noch viele Bücher geschrieben, einige wurden Weltbestseller.
Auf der letzten Seite ihrer Erinnerungen heißt es: »In allen meinen Büchern habe ich versucht, einem tiefinnerlichen Glauben Ausdruck zu geben: dem Glauben an den Lebensmut, Mut, das Leben zu leben und das Beste daraus zu machen, komme, was da wolle.«

Wer war's?

Kein Kämpfer für die Freiheit

Der einzige, zu dem er sich hingezogen fühlte, scheint sein Großvater gewesen zu sein, den er allerdings mehr aus der Ferne kannte. Ihn nannte er Vater, während er seinen wirklichen Vater meistens als Bruder bezeichnete. Vielleicht spielte dabei auch der verhältnismäßig geringe Altersunterschied zu seinem Vater eine Rolle; zwischen ihnen standen nur etwa achtzehn Jahre. Das heißt, als es den sehr ehrgeizigen Jüngling bereits nach Macht gelüstete, war der Vater eben Mitte Dreißig, ein noch junger Mann also, der dem Sohn überall im Wege stand, überall dort, wo der Junge zu Ruhm kommen wollte. So jedenfalls erschien es ihm aus seiner Perspektive.

Für den Vater stellte es sich anders dar. Er war enttäuscht, weil sein Sohn sich in jeder Hinsicht höchst ungünstig entwickelte. Beschreibungen zeigen ihn als auffallend klein und schwach; er hatte einen zu großen Kopf, eine gelblich-grüne, ungesunde Gesichtsfarbe, eine eingefallene, rachitische Brust, eine verwachsene, bucklige Schulter. Und vor allem: Auch geistig war er zurückgeblieben. Entwickelt, aber bis ins Maßlose, schien nur sein Ehrgeiz, nach oben zu kommen. Doch fehlte es ihm an Kraft und Intelligenz. Und der Vater, der den Kränkelnden – der Junge litt schon früh an Malaria – für unfähig hielt, irgendein Amt zu bekleiden, öffnete ihm keinen Weg.

Das Verhältnis zwischen Vater und Sohn verschlechterte sich noch mehr, nachdem der Sohn einen schweren Unfall erlitten hatte. Auf dem Weg zu einem Rendezvous mit einem jungen Mädchen war er eine Treppe hinabgestürzt und hatte sich am Kopf schwer verletzt. Man fürchtete um sein Leben, zumal bald hohes Fieber hinzukam. Einer der berühmtesten Ärzte wurde konsultiert; indessen ging es dem Verunglückten erst wieder besser, nachdem Mönche ihn mit dem wunderbarerweise unverwesten Leib eines längst verstorbenen Klosterbruders in Berührung gebracht hatten. Aus Dankbarkeit hat er später, als er einigermaßen wiederhergestellt war, versucht, eine Heiligsprechung des seligen Klosterbruders zu erwirken. Denn er glaubte wirklich, daß nicht der berühmte Arzt, sondern die Berührung mit jenem Leichnam ihn geheilt habe.

Wirklich geheilt aber war er keineswegs. Immer häufiger hatte er Fieberanfälle, fast ständig fühlte er sich matt, und immer öfter gab sein Geisteszustand Anlaß zur Besorgnis. Dennoch zeigte sein Vater sich jetzt bereit, ihm – inzwischen war der Sohn neunzehn Jahre alt – Verantwortung zu übertragen und ihm ein Gehalt auszusetzen. Aber das führte zu nichts Gutem. Im Grunde blieb der Sohn an den ihm übertragenen Aufgaben desinteressiert. Die größere Freiheit, die ihm seine Stellung und seine Einkünfte brachten, nutzte er nur, um gegen den Vater zu intrigieren. Seine Abneigung gegen den Vater steigerte sich zu maßlosem Haß.

Zugleich jedoch wuchs auch seine Furcht. Er muß schließlich an Verfolgungswahn gelitten haben. Von einem Mechaniker ließ er sich besondere Türsicherungen anfertigen und eine Vorrichtung, die es ihm ermöglichte, die Tür seines Zimmers vom Bett aus zu öffnen und zu schließen. Er schlief stets mit dem Schwert und zwei Pistolen neben sich. Aber das war für sein Sicherheitsbedürfnis nicht genug. Irgendwann hatte er gehört, daß ein gefangener Bischof seine Wächter mit dem Einband seines Breviers erschlagen hatte, um zu fliehen. Deshalb gab er bei seinem Mechaniker eine als Brevier getarnte Waffe in Auftrag, mit der man einen Menschen auf einen Schlag töten könne. Es wurde ein »Buch« aus Eisenblättern, mit Leisten von Stahl und Gold, zwölf Pfund schwer.

Vor wem fürchtete er sich so sehr? Ohne Hilfe seines Vaters, ohne dessen ausdrücklichen Befehl konnte eigentlich niemand an ihn heran. Es war der Vater selber, den er fürchtete. In ihm sah er seinen größten Feind. Ja, gegen ihn hegte er schließlich sogar Mordgedanken. Es war Wahnsinn.

Während einer Beichte gestand er das. Zwar nicht sofort. Zunächst hatte er nur bekannt, gegen einen anderen Menschen feindselig gesinnt zu sein, feindselig bis zu dessen Tod. Da war ihm die Absolution verweigert worden. Da er auf die Absolution nicht verzichten wollte, suchte er andere Beichtväter, ja er ließ einen Rat von Theologen einberufen, um die Frage theoretisch erörtern zu lassen. Man deutete ihm schließlich folgende Möglichkeit an, doch noch absolviert zu werden: Er müsse die betreffende Person nennen; immerhin könne es ja sein, daß er triftige Gründe habe, jemanden bis in den Tod zu verfolgen – dann wäre eine Absolution nicht ausgeschlossen. Er ist auf diese Möglichkeit eingegangen. In seinem Wahn hielt er seine Mordgedanken offenbar für berechtigt; zu sehr fühlte er sich zurückgesetzt, beleidigt, mißachtet. Er nannte die Person, nannte seinen Vater. Die Absolution wurde ihm nicht erteilt.

Seine Gedanken scheint er nicht nur in der Beichte, sondern auch einem (etwa zwei Jahre jüngeren) Verwandten, einem Halbbruder seines Vaters, gestanden oder zumindest angedeutet zu haben. In diesem Verwandten sah er, wie er sagte, seinen »geliebtesten und besten Freund«, und er wollte ihn für seine verworrenen Pläne, die unter anderem auch eine Flucht ins Ausland vorsahen, gewinnen. Der Freund jedoch war dem Vater verpflichtet. Dem teilte er mit, was ihm erzählt worden war.

Längst hatte der Vater die zunehmende Geistesverwirrung seines Sohnes – denn nichts anderes war es – mit größter Sorge beobachtet. Jetzt entschloß er sich, den Sohn von der Umwelt zu isolieren. Mit einigen Begleitern nahm er selber ihn in seinen Räumen gefangen. Vergeblich versuchte der Kranke, dessen Sicherheitsvorkehrungen nichts genutzt hatten, sich in den brennenden Kamin zu stürzen, um sich das Leben zu nehmen. Als Gefangener blieb er in seinen Räumen; die Fenster wurden

vernagelt, der Kamin vergittert; alles, womit er sich hätte etwas antun können, wurde entfernt.
Dennoch ist er, noch bevor es gegen ihn zum Prozeß kam, in der Haft gestorben, ein halbes Jahr nachdem man ihn eingesperrt hatte. Nicht durch Gift, wie später behauptet wurde, auch nicht infolge einer geheimen Hinrichtung. Das Fieber hatte ihm während der Haft mehr denn je zugesetzt. Zeitweise hatte er nichts gegessen, um sich dann mit um so größerer Gier – von seinem Großvater hatte er eine kaum bezähmbare Eßlust geerbt – auf schwer verdauliche Speisen zu stürzen. Manchmal wieder nahm er tagelang nichts anderes an als ungeheure Mengen eiskalten Wassers.
Als er starb, war er 22 Jahre alt. Obgleich er in seinem Leben nichts Positives geleistet hat, ist seine Sehnsucht nach Ruhm in Erfüllung gegangen: Politisch verfälschende Darstellungen machten ihn zu einem Kämpfer gegen Tyrannei, zu einem Helden der Freiheit.

Wer war's?

Beim Duell aß er Kirschen

Es war einmal ein äthiopischer Fürst, ein Mohrenfürst, wie man damals sagte, obwohl er nicht etwa schwarz war. Seine kleine Residenz lag im Gebiet des heutigen Eritrea. Eines Tages fielen die Türken in sein Land ein. Sie besiegten ihn und nahmen seinen achtjährigen Sohn als Geisel mit in die Türkei. Da der Kleine von vornehmer Abkunft war, kam er in das Serail des Sultans, die Palaststadt von Konstantinopel.

Aber dort blieb er nicht lange. Schon nach ein paar Wochen wurde er im Auftrag eines großen europäischen Herrschers gekidnappt. Zu jener Zeit war es an Europas Höfen Mode, sich Negerjungen zu halten, als besonders attraktive kleine Diener.

Auch der junge Fürstensohn aus Äthiopien wurde zum Diener ausgebildet. Doch bald fiel er seinem Herrn, der ihn taufen ließ und dabei sein Pate wurde, als besonders gewandt und sehr intelligent auf. So wurde er dessen Kammerdiener, dann Stallmeister und schließlich Privatsekretär. Später wurde er von seinem Paten für einige Jahre ins Ausland geschickt. Er sollte sich zum Heeresingenieur ausbilden lassen.

Er ging nach Frankreich, besuchte dort eine Militärschule, nahm als Freiwilliger an einem Krieg teil, wurde verwundet und geriet in Gefangenschaft, kehrte nach Frankreich zurück und ließ sich auf der neugegründeten Artillerieschule in Metz einschreiben. Und da er wegen seiner überdurchschnittlichen Leistungen auffiel, wurde er mehrmals befördert, bis zum Hauptmann der französischen Armee. Dann kehrte er zurück an den Hof seines Paten. Er stand schließlich im Range eines Generalmajors an der Spitze eines Ingenieurkorps.

Als er mit 84 Jahren starb, hinterließ er eine große Besitzung und elf Kinder. Er war zweimal verheiratet gewesen; das zweitemal ohne von seiner ersten Frau, die er auf viele Jahre ins Gefängnis und auf Lebenszeit in ein Kloster gebracht hatte, rechtskräftig geschieden zu sein.

Längst würde man diesen zu seiner Zeit weithin bekannten Äthiopier vergessen haben, wenn nicht auch einer seiner Nachkommen Weltruhm erlangt und über ihn geschrieben hätte. Es war ein Urenkel von ihm, der als Knabe – in der besten und vornehmsten Schule seines Landes erzogen – ständig in der Furcht lebte, von anderen »Äffchen« genannt zu werden; seinem bronzefarbenen Gesicht mit den wulstigen Lippen und seinem krausen Haar war jener Urgroßvater noch anzusehen. Später hat sein Aussehen ihn nicht mehr gestört, weil es auch die Frauen nicht störte. Die Frauen hatten ihn gern – wegen seiner Intelligenz, wegen seines Ruhms, der schon sehr früh kam, vor allem aber wohl wegen seines unbändigen und unerschrockenen Freiheitsdranges, der ihn aber auch ständig anecken ließ und ihm sogar mehrere Jahre Verbannung aus der Hauptstadt einbrachte.

Etwas von jener Furcht, die er als Knabe hatte, ist dennoch geblieben, nur verwandelt: Es war seine übergroße Empfindlichkeit, wenn er sich schlechter behandelt fühlte als andere, wenn man zum Beispiel ihm, dem Zivilisten, einen Offizier vorzog. Dann reagierte er äußerst aggressiv. Und das führte häufig zu Duellen. Gewissermaßen unsterblich – durch eine seiner Erzählungen – wurde jenes Duell, bei dem er mit einer Mütze voll Kirschen erschien und, während sein Gegner auf ihn zielte und schoß – zum Glück daneben –, seelenruhig Kirschen aß und die Kerne ausspie und dann darauf verzichtete, den Schuß zu erwidern.

Sein letztes Duell aber konnte er nicht mehr beschreiben. Es endete für ihn mit einer schweren Verwundung, die ihn zwar nicht hinderte, noch seinen Schuß abzugeben, halb liegend, und den Gegner in den rechten Arm zu treffen, der er aber – im Alter von nicht ganz 38 Jahren – zwei Tage später erlag – einer der Bedeutendsten seines Landes.

Wer war's?

Klug, oft zögerlich, aber niemals ängstlich

Von einem ausländischen Besucher wurde ihr Auftritt bei einem Empfang so beschrieben: »Sie trug ein Kleid aus weiß und karmesinrot gemusterter Silbergaze mit geschlitzten, rot gefütterten Ärmeln. Der vordere Teil ihres Kleides stand offen, so daß man ihren ganzen Busen sehen konnte. Überhaupt knöpfte sie ihr Kleid häufig eigenhändig vorne auf, als ob es ihr zu warm wäre. Der Kragen der Robe war sehr hoch und innen mit Gehängen aus Rubinen und Perlen geschmückt. Um den Hals trug sie eine Kette, ebenfalls aus Rubinen und Perlen, auch ihre rötliche Perücke schmückte eine dazu passende Kette und viel Gold- und Silberflitter.«

Auf Gemälden und Medaillen ließ sie sich fast immer in hochgeschlossenen Kleidern darstellen. Ihre berufliche Stellung zwang sie, auf Reputation bedacht zu sein, und dies nicht nur in ihrem eigenen Land. Und nicht nur hier, sondern ebenso vom Ausland wurde sie kritisch und oft mißtrauisch beobachtet, von vielen konsequent abgelehnt. Ein Kardinal zum Beispiel, mit ihr fast gleich alt, beschimpfte sie nach ihrem Tod als »blutschänderischen Bastard, gezeugt und geboren in Sünde von einer verfluchten Buhlerin«, der »durch die verdammungswürdige und abscheuliche Kunst, Unschuldige in Sünde zu verstricken, ihren Hof zu einer Falle für die jungen Herren des hohen Adels machte und sie alle zugrunde gerichtet« habe.

Gelassener und nicht ohne Humor soll sich sein Papst über sie geäußert haben: »Sie ist gewiß eine große Herrscherin, und wäre sie nur katholisch, so würde sie uns lieb und wert sein. Seht nur, wie gut sie regiert! Sie ist nur eine Frau . . ., dennoch fürchten sie alle: Spanien, Frankreich und das Reich. Es ist jammerschade,

daß sie und ich nicht heiraten können, unsere Kinder hätten die ganze Welt beherrscht.«
Geheiratet hat sie nicht, obgleich es immer wieder Bewerber gab, den letzten, als sie 45 Jahre alt war und im Staatsrat die Frage aufkam, ob sie denn noch ein Kind zur Welt bringen könne, was ihre Ärzte bejahten. Der Bewerber war erst 22, und man hatte ihr gesagt, er sei sehr klein und habe eine unförmige Knollennase. Als er kam, war sie angenehm überrascht. Ihr gefiel er. Aber in der Bevölkerung kam es zu Unruhen. Es erschienen Flugschriften gegen den Heiratskandidaten. Der Verfasser eines Pamphlets und dessen Verleger wurden verhaftet und ins Gefängnis geworden; beiden wurde die rechte Hand abgeschlagen.
Da mochte sie in der Heiratsfrage nicht mehr selber entscheiden und überließ die Antwort dem Staatsrat. Dieser entschied mit sieben Nein-Stimmen gegen fünf Ja-Stimmen gegen die Heirat, wollte jedoch keine Empfehlung geben, sondern erklärte, gegen die Heirat keinen Widerspruch zu erheben, weil er ihren Wunsch nach Kindern respektiere. Einen Sohn hätte sie schon gerne gehabt, um die Nachfolge zu sichern. Aber vor einer Heirat schreckte sie immer wieder zurück. Daß Heiraten Probleme und Unglück bringen konnten, sah sie nur allzu deutlich an den Ehen ihres Vaters und an dem traurigen Schicksal ihrer Mutter.
Ihrem Vater und ihrer letzten Stiefmutter verdankte sie indes ihre sorgfältige Ausbildung. Schon mit zehn Jahren beherrschte sie mehrere Sprachen. Einer ihrer Erzieher berichtete einem Freund: »Sie spricht Italienisch und Französisch so gut wie ihre Muttersprache. Sie spricht mit mir oft fließend und gut Lateinisch, nicht ganz so gut Griechisch. Sie liebt Musik und ist in deren Ausübung sehr geschickt.« Später sprach sie auch Spanisch, und als Regentin konnte sie mit den meisten fremden Gesandten ohne Dolmetscher verhandeln und mit Kirchenfürsten theologische Dispute führen. Sie war eine sehr gute Reite-

rin, geübt im Bogenschießen und noch in ihren Fünfzigern eine leidenschaftliche Jägerin, und sie tanzte gern. Sehr liebte sie auch das Theater, und sie interessierte sich für Dichtung und Philosophie. Mit 60 übersetzte sie Boethius' *Trost der Philosophie* in ihre Sprache.

Für ihr Land hat sie trotz schwerer Zeiten mit ihrer klugen, oft zögerlichen, aber niemals ängstlichen Politik einen großen Aufschwung eingeleitet, machtpolitisch, wirtschaftlich und kulturell, obgleich gegen Ende ihrer Zeit die Arbeitslosigkeit stieg, der Außenhandel rückläufig war und die Staatskassen trotz Steuererhöhungen erschöpft waren. Nicht alle waren mit ihr einverstanden, es gab sogar eine Reihe von Mordanschlägen auf sie, und der Papst (ein Vorgänger des oben zitierten) erklärte sie zur »Ketzerin und Helfershelferin von Ketzern« und exkommunizierte sie. Sie hat es überlebt und starb erst in ihrem 70. Jahr.

Wer war's?

Durch einen Fehler des Ministers

Als er das erste Mal in der Bastille saß – er war 23 Jahre alt –, nahm er sich vor, reich zu werden. Nicht um ein komfortables Leben zu führen, sondern um frei und unabhängig zu sein und sagen zu können, was er wollte, und nötigenfalls sofort in ein anderes Land ausweichen zu können. Tatsächlich sollte er sein Ziel erreichen, obgleich er von seinem Vater nur ein recht bescheidenes Vermögen erbte. Wie er es vermehrte und auf einen Schlag den eigentlichen Grundstock seines späteren Reichtums legte, das war wohl einmalig.

Die Gelegenheit ergab sich gut zehn Jahre später. Inzwischen hatte er ein zweites Mal in die Bastille gemußt, dann ins Exil und war gerade eben nach Paris zurückgekehrt. Dort war das Hauptgesprächsthema eine Lotterie, ausgeschrieben vom Generalkontrolleur der Finanzen, Pelletier Desfort, in der Absicht, der Regierung auf diese Weise zu Geld zu verhelfen. Auch der Mathematiker La Condamine kam auf das Ereignis zu sprechen, als unser ehemaliger Bastille-Häftling eines Abends mit ihm soupierte. Mehr noch: Er berechnete die Gewinnchancen. Dabei aber kam ein höchst überraschendes Ergebnis ans Licht. Nämlich daß der Finanzminister sich zum Nachteil des Staates verrechnet hatte: Der Erwerber aller Lose, so stellte sich heraus, müßte einen Reingewinn von einer Million Livres haben.

Kurz entschlossen tat unser junger Mann sich mit ein paar Freunden zusammen und erwarb mit ihrer Hilfe und unter Einsatz seines ererbten Vermögens und hinzugeliehenen Geldes die gesamte Auflage der Lose. Finanzminister Desfort zeigte sich über den schlagartigen Absatz überaus erfreut. Stolz sah er darin

eine Bestätigung seiner Idee, das finanzschwache Frankreich mit Hilfe einer Staatslotterie ein wenig zu kräftigen.
Als er aber einsehen mußte, warum die Lose so schnell gekauft worden waren, weigerte er sich, die Gewinne auszuzahlen. Ja, er brachte die Sache vor den Staatsrat, indem er den Käufer und seine Freunde als Betrüger verklagte. Doch obwohl die Geschichte im vielgeschmähten Zeitalter des Absolutismus spielt, wies der Staatsrat ihn ab und entschied, daß die Staatskasse zahlen müsse.
Während der Minister wegen jener Panne schon bald seines Postens enthoben wurde, legte der Gewinner sein neues Vermögen gut an. Er steckte sein Geld in verschiedene Unternehmen; er erwarb Schiffe, die für ihn die Weltmeere befuhren; er lieh politisch einflußreichen Leuten große Summen, und manchmal machte er mit Wucherern ziemlich undurchsichtige Geschäfte. Bei alledem wurde er immer reicher, und er konnte es sich erlauben, mit einem König wegen eines ausstehenden Monatsgehalts einen erbitterten Streit zu führen.
Zu jener Zeit hatte er sich längst einen Namen gemacht, aber nicht als Kaufmann und großer Reeder, sondern als Philosoph und Schriftsteller, der – frei und unabhängig – schreiben konnte, was er wollte. Von Königen umworben und zugleich gefürchtet, war er der geistige Führer einer Epoche, deren Ideen noch unser Jahrhundert entscheidend beeinflußt haben.

Wer war's?

Beigesetzt in Alkohol

Sie vergötterte ihren Mann, wie auch ein ganzes Volk ihn vergötterte und ihn dabei allerdings in verhängnisvoller Weise überschätzte. Jetzt aber war er gestürzt worden. Hals über Kopf und heimlich mußte er das Land verlassen (was den äußeren Anstoß gab für eine überraschende Wende der Weltpolitik). Sie fuhr ihm nach, zusammen mit ihrer Tochter, die einige Jahre später berühmter sein sollte als der Vater, jedoch keineswegs wegen ihres üppigen Busens, auf den sie ausgesprochen stolz war und den sie deswegen – worüber ganz Europa spottete – selbst auf Reisen kaum verhüllte.

Auf der Flucht kam der Mutter wieder jener Lieblingsgedanke, mit dessen Realisierungsmöglichkeiten sie sich schon seit Jahren befaßt hatte: sich ihrem so übermäßig verehrten Gemahl auch nach dem Tode erhalten zu wissen – jedenfalls bis zu einem gewissen Grade.

Aber nicht allein übersteigerte Empfindsamkeit, in der ihr Zeitalter schwelgte, stand hinter dieser Absicht. Hinzu kam ihre krankhafte Furcht, aus Versehen lebendig begraben zu werden. Daß so etwas möglich war, hatte sie in jenem Spital gesehen, das unter ihrer Obhut stand und noch heute ihren Namen trägt: Wenn für neue Patienten dringend Betten gebraucht wurden, kam es vor, daß Sterbende begraben wurden, noch ehe sie ganz tot waren. Um das zu ändern, hatte sie eine Abhandlung geschrieben: »Über voreilige Beerdigungen«.

Aber ihre Furcht war geblieben. Und um selber einem solchen Schicksal zu entgehen, wollte sie nicht begraben, sondern einbalsamiert werden. Längst hatte sie sich mit den verschiedenen Methoden vertraut gemacht.

Jetzt, auf dem Weg ins Exil, entstand die letzte Fassung ihres Plans, die kurz darauf testamentarisch festgelegt wurde: Für sie und ihren Mann ein Mausoleum mit einem marmornen Becken; darin sollten sie und ihr Mann in Alkohol konserviert werden. Zuvor sollte man sie einbalsamieren.

Überzeugt, als erste zu sterben, beschrieb sie ihrem Mann in allen Einzelheiten, wie die Einbalsamierung zu erfolgen habe; »ich flehe Dich an, diese Einzelheiten nicht zu vernachlässigen. Handle genau, wie ich es Dir sage. Es ist möglich, daß meine Seele um Dich herumwandert. Es ist möglich, daß ich des Entzückens teilhaftig werde, Dich die Wünsche derjenigen, die Dich so zärtlich liebt, genau befolgen zu sehen.« Auch bat sie ihn, sie dort regelmäßig zu besuchen.

Als sie starb, führte ihr Mann die ungewöhnlichen Anweisungen tatsächlich aus. Die Tote wurde einbalsamiert, wonach sie, bis das Mausoleum fertig war, noch drei Monate im Haus bleiben mußte. Dann kam sie ins Alkoholbecken, das – so hatte sie es bestimmt – mit einer Glasscheibe verschlossen wurde.

Zehn Jahre später folgte ihr Mann nach, und das Mausoleum wurde, wie sie es gewollt hatte, zugemauert. Nach dreizehn weiteren Jahren mußte es aufgebrochen werden, weil nun auch die Tochter gestorben war. Ihr Sarg wurde ans Fußende des Beckens gestellt. Dann wurde das Mausoleum endgültig vermauert. Nach einer bewegten Geschichte hatte eine berühmte Familie endlich ihre Ruhe.

Wer war's?

»Und nachdem niemand sich meiner erbarmen will…«

Mit 47 Jahren wurde sie Witwe, nach einer zwanzig Jahre langen glücklichen Ehe, in der sie sechs Kinder zur Welt gebracht hatte, drei Söhne und drei Töchter, von denen zwei gestorben waren. Noch in tiefer Trauer antwortete sie auf einen Kondolenzbrief ihrer Schwester Christina:

»Gnad und Fried von Gott dem Vater unsers lieben Herrn Jesu Christi!

Freundliche, liebe Schwester!

Daß Ihr ein herzlich Mitleiden mit mir und meinen armen Kindern tragt, gläub ich leichtlich. Denn wer wollt' nicht billig betrübt und bekümmert sein um einen solchen teuern Mann, als mein lieber Herr gewesen ist, der nicht allein einer Stadt oder einem einigen Land, sondern der ganzen Welt viel gedienet hat. Derhalben ich wahrlich so sehr betrübt bin, daß ich mein großes Herzeleid keinem Menschen sagen kann, und weiß nicht, wie mir zu Sinn und zu Muth ist. Ich kann weder essen noch trinken, auch dazu nicht schlafen. Und wenn ich hätt ein Fürstentum und Kaisertum gehabt, sollt mir so leid nimmer geschehen sein, so ich's verloren hätt, als wenn unser lieber Herrgott mir… diesen lieben und teuern Mann genommen hat. Wenn ich daran denk', so kann ich vor Leid und Weinen – das Gott wohl weiß – weder reden noch schreiben…«

Zur Trauer um den geliebten Mann, der auf einer Dienstreise gestorben war, vermutlich an einem Herzinfarkt, kam die finanzielle und rechtliche Unsicherheit ihrer Situation. Reichtümer hatte der Mann ihr und den vier Kindern (im Alter zwischen 11 und 19 Jahren) nicht hinterlassen, und von Haus und Hof, die der Landesherr ihm einst geschenkt hatte, mußte sie vor feindlichen Truppen mit den Kindern fliehen. Sechs Monate verbrachte sie in großer Not und Sorge. Bei ihrer Rückkehr fand sie alles verwüstet und ausgeraubt vor. Aber sie gab nicht auf, obgleich sie sich mit dem neuen Landesherrn, der inzwischen die Regierung übernommen hatte, nicht gut verstand. Sie machte sich daran, ihr Zuhause wieder in Ordnung zu bringen.

Aber es fehlte ihr weiterhin an Geld. Und in der stetig wachsenden Not wandte sie sich an den König von Dänemark, der ihrem Mann und zwei Mitarbeitern »jährlich ein Gnadengeld geschenkt, welches sie zu Unterhalt ihrer Haushaltung und Kinderlein haben sollten« und welches auch alle Jahre gekommen sei. Und dann fuhr sie fort:

»Dieweil aber mein seliger lieber Herr E. K. M. allzeit geliebet und für den christlichsten König gehalten, auch E. K. M. sich in solchen Gnaden gegen seligen meinen Herrn verhalten: so werde ich durch dringende Noth bewogen, E. K. M. in meinem Elend unterthänigst zu ersuchen, des Verhoffens, E. K. M. werden mir armen und itzt von jedermann verlassenen Witwen solch mein unwürdig Schreiben gnädiglich zu gut halten und mir aus Gnaden solch Geld folgen. Denn E. K. M. ist sonder Zweifel bewußt, wie man die Elenden drückt, Witwen und Waisen gemacht, also daß zu erbarmen; ja mir mehr durch Freunde als durch Feinde Schaden zugefügt; welches alles E. K. M. zu erzählen zu lang wäre. Aus diesen und anderen Ursachen werde ich gedrängt, E. K. M. unterthänig zu ersuchen, nachdem sich ein jeder so fremd gegen mir stellt und sich meiner niemand erbarmen will...«

Als sie diesen Bittbrief schrieb, war ihr jüngstes Kind, die Tochter, schon 17 Jahre alt. Nur kurze Zeit darauf verließ sie mit allen Kindern noch einmal ihren Wohnort, diesmal auf der Flucht vor der Pest. Mit einem Pferdegespann machten sie sich auf den Weg in eine andere Stadt. Es war Winter. Und irgendwann scheuten die Pferde, gingen durch und rissen den Wagen in einen Straßengraben. Sie erlitt dabei so schwere Verletzungen,

daß vermutet wird, sie sei daran gestorben. Nach anderen Vermutungen soll sie sich bereits an der Pest angesteckt haben und folglich deren Opfer geworden sein, mit 53 Jahren.
Sicher ist, daß die Kinder von der Pest verschont blieben. Der älteste Sohn absolvierte ein Jurastudium und wurde fürstlicher Kanzleirat in Weimar. Der zweite Sohn studierte Theologie, starb jedoch bereits mit 33 Jahren, noch bevor er ein Amt übernommen hatte. Ihr jüngster Sohn brachte es weiter. Er studierte Medizin und wurde ein hochangesehener Arzt, der an verschiedene Höfe berufen wurde; zuletzt war er bis zu seinem Tod mit 60 Jahren kurfürstlicher Leibmedikus in Leipzig. Und die Tochter heiratete den preußischen Landrat Georg von Kühnheim.
Von der Mutter, um die es hier geht, ist noch zu sagen, daß sie die letzte Ruhe in jener Kirche fand, in der ihr Mann so oft gepredigt hatte.

Wer war's?

Weil sie mit ihrer Trauer allein sein wollte

Von Paris, ihrer Geburtsstadt, wo sie als Malerin und Schriftstellerin recht erfolgreich war, reiste sie in eine kleine deutsche Residenz. Sie wollte sich da von einem Arzt behandeln lassen, der eine neue Heilmethode entwickelt und darüber ein Buch geschrieben hatte. Sie hatte es gelesen und wollte den Verfasser persönlich kennenlernen, in der Hoffnung, durch ihn und seine Methode endlich von jahrelangen Schmerzen befreit werden zu können.

Sie war 34 Jahre jung, hochgewachsen und hübsch, sie kam aus einer adligen Familie, war gebildet und intelligent; er war 79 Jahre, klein, untersetzt und wirkte auf sie keineswegs alt. 47 Jahre lang hatte er eine beständige Ehe geführt, bis zum Tod seiner Frau, die elf Kinder zur Welt gebracht hatte. Und jetzt verliebte er sich Hals über Kopf in seine Patientin aus Paris, und sie – schreibt ihre Biographin – »hatte endlich einen Mann gefunden, den sie zugleich bewundern und lieben konnte«. Schon nach ein paar Tagen machte er ihr einen Heiratsantrag, schriftlich:

»Ich kann nicht mehr ohne Sie leben, bleiben Sie immer bei mir. Wir müssen heiraten.« Und sie antwortete, ebenfalls schriftlich:

»Ich kann nicht mehr ohne Ihre Wertschätzung und Ihre Liebe leben ... In meinen Gedanken werden Sie für immer mein Gemahl sein, kein anderer Mann wird je seine profane Hand nach mir ausstrecken, kein anderer Mund je meinen Mund küssen. Ich schenke Ihnen mein Vertrauen und schwöre Ihnen ewige Liebe und Treue.«

Als ihr Liebesverhältnis den beiden noch bei ihm lebenden Töchtern offenbar wurde, reagierten diese mit Neid, ja mit Haß und Verleumdungen; sie erzählten in der Stadt, sie sei eine

Hochstaplerin, die den Vater und sie um ihr Vermögen bringen wolle. Manchen schien das glaubhaft, da sie sich nach deren Meinung ja überhaupt viel zu frei benahm: Sie war eine leidenschaftliche Reiterin und Schwimmerin, trainierte sich ständig im Pistolenschießen, ging gern zur Jagd und trug am liebsten Männerkleidung. Ihm gegenüber, der seine Töchter liebte, verteidigte sie sich: »Mein Benehmen ist tadellos, auch wenn ich als Mann verkleidet bin.« Und wegen des Vorwurfs, sie wolle nur sein Vermögen, bewies sie mit Dokumenten, daß ihre Besitzungen in Frankreich ihr jährlich 130 000 Francs einbrachten.
Nachdem er seine gesamten Ersparnisse seinen Kindern und Enkeln überschrieben hatte, bat er sie noch um das »letzte Opfer für unsere Verbindung«, nämlich vom Katholizismus zum Protestantismus überzutreten; ohne kirchlichen Segen gab es derzeit keine Trauung, und er, der protestantisch war, tröstete sie: »Aber Sie wissen so gut wie ich, daß diese Bekenntnisse Kleider sind, die man anzieht oder ablegt, um den Vorurteilen der Welt Genüge zu tun.« Dann ließen sie sich trauen, heimlich.
Nach etwa fünf Monaten verließen sie die kleine Stadt und fuhren nach Paris, sie wieder als Mann gekleidet. Sie wohnten zunächst in ihrer Wohnung, zogen aber bald in ein geräumiges Haus direkt am Jardin de Luxembourg, wo er mit seiner Methode nach anfänglichen Schwierigkeiten große Erfolge hatte. Sie war zunächst nur Lernende, dann Assistentin und schließlich Partnerin. Ein angesehener Mediziner schrieb: »Sie ist hochbegabt ... Sie ist jetzt in der Lage, Krankheitssymptome mit großer Genauigkeit aufzuführen. So wie sie seine rechte Hand geworden ist, so ist sie nun auch sein Kopf ...« Mit der Praxis waren sie so erfolgreich, daß sie bald ein größeres Haus brauchten. Patienten kamen nicht nur aus Paris, sondern oft von weit her, und vielen konnte geholfen werden, wie übrigens auch ihr geholfen worden war. Und sie und er waren glücklich.
Für sie aber war alles Glück vorbei, als er mit 88 Jahren starb. Diese kluge und couragierte Frau war völlig gebrochen und

schien seinen Tod nicht wahrhaben zu wollen. Der von ihr gerufene Arzt berichtete: »Ich wurde sogleich ins Schlafzimmer eingelassen. Hier aber finde ich seine Frau ausgestreckt auf dem Bette, in Thränen zerfließend und ihn daneben – kalt, starr und seit fünf Stunden schon hinübergegangen ...«
Sie wollte sich nicht von ihm trennen und behielt ihn mit besonderer Erlaubnis noch 14 Tage im Haus, ließ ihn einbalsamieren und in einer Gruft auf dem Friedhof von Montmartre beisetzen, ohne Trauergottesdienst und ohne seinen Tod öffentlich bekannt gemacht zu haben. Sie wollte mit ihrer Trauer allein sein, mußte es, um nicht zu zerbrechen. Nach 35 Jahren, in denen sie vielen Anfeindungen ausgesetzt war, fand sie neben ihm ihre Ruhe.

Wer war's?

Die Geburt des Kindes vertuschten sie

Er träumte von einer reinen Welt, in der es nichts Böses und Häßliches gibt, sondern nur Güte, Schönheit, Reinheit. Auch der Mensch könne gut und rein sein, meinte er, so wie die unschuldigen Dinge in der Natur, die Pflanzen und die Tiere. Der Mensch brauche nur achtzugeben, so lehrte er, daß er seine ursprüngliche Reinheit nicht verliere; er müsse bleiben, wie er als Kind auf die Welt gekommen – ohne Schuld. Das Kind wurde für ihn zum Symbol des reinen Seins. Und seine Traumwelt nannte man eine Welt des Kindes.

Dabei schien es seine persönliche Tragik zu sein, daß gerade er und seine Frau ohne Kinder blieben. Und nicht wenige seiner Biographen wollten darin einen Schlüssel zu seinem dichterischen Werk sehen. Aber nur allzu oft ist es mißlich, das künstlerische Werk eines Mannes aus den äußeren Begebenheiten seines Lebens interpretieren zu wollen.

So war es auch in seinem Fall. Nahezu ein Jahrhundert nach seinem Tode kam etwas ans Licht, das bei denen, die sein Leben als Vorbild reiner Harmonie verehrten, wie eine Bombe einschlug; die Tatsache nämlich, daß er und seine Frau ein Jahr vor ihrer Ehe ein Kind hatten, eine Tochter – ein Ereignis, das von ihnen aber vertuscht worden war. Das Kind, das auf den Namen Emilie getauft wurde, lebte nur einen Monat.

Besonders überraschend an der Geschichte war, daß er die Mutter seines Kindes noch ein ganzes Jahr hatte warten lassen, bis er sie heiratete – überraschend, weil es ihn zeitlebens gestört hat, daß sein eigenes Geburtsdatum nur sieben Wochen später lag als der Hochzeitstag seiner Eltern. Deswegen machte er sich in biographischen Angaben gern ein Jahr jünger, um auf diese Weise die Ordnung wiederherzustellen. Das verspätete Hochzeitsdatum seiner Eltern erschien ihm als unerträgliche Unordnung.

Die Unordnung in seinem eigenen Leben hatte er ebenfalls zu korrigieren versucht. Bei jener unehelichen Tochter war nicht nur sein Name, sondern auch der Name seiner Frau ungenannt geblieben. Als Mutter wurde die jüngere Schwester der Frau angegeben – der Vater blieb unbekannt.

Es war eine schlimme Zeit für ihn: abgebrochenes Studium, kein Beruf, Geldmangel und Nahrungssorgen, Verfolgung durch einen Gläubiger und nun die Schwierigkeiten mit jenem Mädchen, das zu heiraten er so lange gezögert, bis er es dann doch tat, obgleich sein Herz noch immer an einer anderen hing. Aber die andere, Tochter eines wohlhabenden Kaufmanns, hatte ihn abweisen müssen. Vergeblich hatte er noch einmal umzukehren versucht und ihr, die er sein Leben lang nicht vergessen konnte, noch einmal geschrieben:

»... wenn du ein Herz, das so hart von seinem wahren Ziele irrte, das aber bereute und umkehrte, nicht verschmähen willst, wenn deine Güte noch einen Rest alter Liebe und Zärtlichkeit aufbewahret, so nimm meine Liebe, die ich dir als eine demütige Gabe anbiete, wieder an und heile meine Wehmut mit freundlicher Zärtlichkeit – ich weiß, was ich dir dann schuldig bin, und nie, so lang ich lebe, soll ein unsanftes Wort dein Herz betrüben oder eine Handlung dein Gemüt verletzen. Kein Mann auf Erden liebt dich mehr als ich, weil dich keiner mehr kennt als ich – und keiner kann dich glücklicher machen ...«

Aber es gab kein Zurück mehr. Im Grunde fühlte er sich schon der anderen verpflichtet. Und aus Pflichtgefühl lebte er mehr als dreißig Jahre an der Seite jener Frau, die ihn und sein Werk nie verstanden hat, die kaum etwas von ihm las und seine Bibliothek nach der Größe der Bücher ordnete und schließlich seine Manuskripte blattweise an irgendwelche Besucher verschenkte. Als sie dies tat, war er bereits tot; in einem Anfall von Schmerz hatte er sich mit einem Rasiermesser die Halsschlagader durchschnitten und sein Leben beendet, das so unruhig begonnen hatte und das er – allen inneren Spannungen zum Trotz – mit dem schlichten Wachsen eines Halmes verglichen wissen wollte.

Wer war's?

Fluchtartig verließ er sein Heer

Auf dem Sterbebett hatte sein Vater ihn beschworen, niemals leichtsinnig einen Krieg vom Zaun zu brechen; der Vater sah in seiner starken Armee immer nur eine Sicherung für die Erhaltung des Friedens. Der Sohn aber dachte nicht an Frieden, sondern an persönlichen Ruhm. Er wollte erobern, und so hat er die Mahnung des Vaters nicht beherzigt. Kaum ein halbes Jahr darauf fiel er mit seiner Armee ohne Kriegserklärung und unter einem eklatanten Rechtsbruch in ein friedliches Nachbarland ein.

Da die Überfallenen völlig überrascht waren, ließ sich der Krieg für ihn höchst erfolgreich und geradezu lustig an. Denn man setzte seinen Truppen kaum Widerstand entgegen. Erst vier Monate nach dem Einmarsch hatte der Gegner sich einigermaßen gefangen, und es kam zur ersten Schlacht – nicht nur dieses Krieges, sondern zur ersten im Leben dieses ehrgeizigen jungen Mannes. Sie wurde sein erster Sieg.

So jedenfalls steht es in den meisten Geschichtsbüchern. Aber in einem nicht unwesentlichen Punkt ist das falsch: Der Sieg war nicht sein persönlicher Verdienst, im Gegenteil, der 29jährige Feldherr war gar nicht dabeigewesen, sondern hatte sich in Sicherheit gebracht.

Mittags hatte die Schlacht begonnen. Er selber lenkte sie. Aber vier Stunden später, nach einem hervorragend geführten Angriff der feindlichen Kavallerie, herrschte unter seinen Truppen eine solche Verwirrung – einige Truppenteile begannen sogar zu fliehen –, daß er die Schlacht verlorengab. Als dann sein Feldmarschall ihm riet, sein Leben in Sicherheit zu bringen, verließ er mit einigen wenigen Begleitern fluchtartig das Herr. Unterwegs

rief er noch einer Troßabteilung zu, alles sei verloren, worauf auch diese Leute alles stehen- und liegenließen und in wilder Flucht das Weite suchten, um Leben und Freiheit zu retten.
Auf dem Schlachtfeld aber kam es unterdessen zu einer entscheidenden Wendung. Nur eine Stunde nach seinem Aufbruch schickte der Feldmarschall ihm einen Boten nach, der ihm ausrichten sollte, es bestehe jetzt Hoffnung, die Schlacht mit Gottes Hilfe doch noch zu gewinnen. Aber er war zu schnell geritten; der Bote holte ihn nicht mehr ein. Und für die nächsten zehn Stunden blieb der oberste Kriegsherr unauffindbar.
Später erfuhr man, daß er beinahe in Gefangenschaft geraten wäre. Die Stadt, in der er mit seinen Begleitern unterkommen wollte, war inzwischen vom Gegner besetzt worden. Erst als sie unter Feuer genommen wurden, erkannten sie die Gefahr und ritten Hals über Kopf ein Drittel des Fluchtweges wieder zurück – jetzt endgültig überzeugt, daß alles verloren sei. Nachts um zwei Uhr, als er in einem kleinen Städtchen Quartier nehmen wollte, erreichte ihn die Nachricht, daß die Schlacht doch noch gut ausgegangen war. Nachdem er eben noch in äußerster Nervosität immerzu wiederholt hatte: »Mein Gott! Das ist zuviel. Strafe mich nicht zu hart!« stürzte er jetzt mit wilden Flüchen zu seinem Pferd und sprengte in gestrecktem Galopp zu jenen, die er im Unglück verlassen hatte. Im Morgengrauen traf er bei seinem siegreichen Heer wieder ein.
Später hat er über jene Schlacht geschrieben, über die Fehler, die da gemacht wurden, und über die Geschicklichkeit jener, »die den Tag für mich gewannen«. Doch während er in seinen Aufzeichnungen und Briefen sonst eher zu Redseligkeit neigte, auch was seine Schwächen betraf, hat er über jene zehnstündige Flucht nicht ein einziges Wort geschrieben oder gesagt ...

Wer war's?

Immer kam der Tod ganz unerwartet

In seiner Geburtsstadt, die heute so stolz auf ihn ist und sich gewissermaßen als seine Stadt bezeichnet, hatte er kein Glück. Man ließ ihn nicht zum Zuge kommen, jedenfalls nicht so, wie er selber es gewünscht hätte. Und als sein Landesherr ihm ein Urlaubsgesuch ablehnte, nahm er das zum Anlaß, die Stadt zu verlassen und auf Reisen zu gehen. Er war 22 Jahre alt, und seine Mutter begleitete ihn.

Der Vater, der ihn auf früheren Reisen begleitet und mit ihm so große Pläne hatte, blieb daheim, gab aber seine Ratschläge und Anweisungen brieflich. Er dirigierte den Sohn nach Paris.

Aber statt des erhofften Glücks traf dort den Sohn – und zugleich den Vater – ein schwerer Schicksalsschlag: Die Mutter wurde ganz unerwartet krank und starb.

Als der Sohn ihren Sarg zu einem der drei zu St. Eustache gehörenden Friedhöfe begleitete – nur er und ein Bekannter –, da hatte er dem Vater ihren Tod noch gar nicht mitzuteilen gewagt; lediglich daß sie krank sei, hatte er – unmittelbar nach ihrem Tode – dem Vater berichtet. Einem Freund aber hatte er die Wahrheit geschrieben mit der Bitte, den Vater behutsam auf sie vorzubereiten:

»Trauern Sie mit mir, mein Freund! – Dies war der traurigste Tag in meinem Leben. – Dies schreibe ich um 2 Uhr nachts. – Ich muß es Ihnen doch sagen, meine Mutter, meine liebe Mutter ist nicht mehr! – Gott hat sie zu sich berufen. – Er wollte sie haben, das sah ich klar. – Mithin habe ich mich in Willen Gottes gegeben. – Er hatte sie mir gegeben, er konnte sie mir auch nehmen …

... Sie starb, ohne daß sie etwas von sich wußte – löschte aus wie ein Licht...
Die ganze Krankheit kann ich Ihnen heute unmöglich schreiben. – Ich bin der Meinung, daß sie hat sterben müssen – Gott hat es so haben wollen.
Ich bitte sie unterdessen um nichts als um das Freund-Stück, daß sie meinen armen Vater ganz sachte zu dieser traurigen Nachricht bereiten. – Ich habe ihm mit der nämlichen Post geschrieben, aber nur, daß sie schwer krank ist...«
Erst sechs Tage später teilte er auch dem Vater die Wahrheit mit, wobei er für den »kleinen und sehr notwendigen Betrug« um Entschuldigung bat: »...denn nachdem ich nach meinen Schmerzen und Traurigkeit auf die Ihrige schloß, so konnte ich es unmöglich übers Herz bringen, Sie sogleich mit dieser schrecklichen Nachricht zu überraschen.«
Vor allem aber versuchte er, den Vater zu trösten: »Weinen Sie, weinen Sie sich recht aus – trösten Sie sich aber endlich, – bedenken Sie, daß es der allmächtige Gott also hat haben wollen – und was wollen wir wider ihn machen? – Wir wollen lieber beten, und ihm danken, daß es so gut abgelaufen ist – denn sie ist sehr glücklich gestorben; – in jenen betrübten Umständen habe ich mich mit drei Sachen getröstet: nämlich durch meine gänzliche, vertrauensvolle Ergebung in den Willen Gottes; dann durch die Gegenwart ihres so leichten und schönen Todes, indem ich mir vorstellte, wie sie nun in einem Augenblick so glücklich wird – wieviel glücklicher daß sie nun ist als wir – so, daß ich mir gewunschen hatte, in diesem Augenblick mit ihr zu reisen. – Aus diesem Wunsch und aus dieser Begierde entwikkelte sich endlich mein dritter Trost, nämlich daß sie nicht auf ewig für uns verloren ist – daß wir sie wiedersehen werden – vergnügter und glücklicher beisammen sein werden als auf dieser Welt. Nur die Zeit ist uns unbekannt, das macht mir aber gar nicht bang. Wann Gott will, dann will ich auch.«
Es war das erste Mal, daß ein Todesfall ihn unmittelbar betraf.

Das zweite Mal war – ebenso unerwartet – fünf Jahre später. Da holte der Tod seinen wenige Wochen alten Sohn, während er und seine Frau auf Reisen waren; als sie nach Hause kamen, fanden sie nur noch das Grab des »dicken, fetten Buberls«, ihres ersten Kindes. Und knapp vier Jahre weiter starb sein Vater.
Was er ihm einst zum Tode der Mutter geschrieben, war wirklich seine Überzeugung: Er sah im Tod einen Freund und Mittler auf dem Weg zur »Glückseligkeit«. Auch an den eigenen Tod hat er stets ohne Furcht gedacht.
Auch sein Tod kam unerwartet. Dazu viel zu früh und bis heute rätselhaft. Vermutungen über ein gewaltsames Ende sind noch immer nicht ganz ausgeräumt. Wahrscheinlicher ist allerdings, daß der noch nicht 36jährige, der eigentlich nie ganz gesund gewesen war, sich in seiner ungeheuren und kaum vorstellbaren Schaffenskraft bis zur völligen körperlichen Erschöpfung verausgabt hatte.
Sein Begräbnis war noch trauriger als dreizehn Jahre zuvor das seiner Mutter. Nicht nur, daß es auf die billigste Weise erfolgte – merkwürdiger ist, daß die kleine Trauergesellschaft den Toten nicht bis auf den Friedhof begleitete, sondern schon – angeblich wegen schlechten Wetters – beim Stadttor umkehrte. Seine Frau war überhaupt nicht dabei; sie war zu Freunden gegangen. Sie hat den Friedhof erst siebzehn Jahre später besucht. Zu der Zeit war sein Grab längst unauffindbar. Man hatte ihn in einem Armengrab beigesetzt, und es war kein Stein errichtet worden, nicht einmal ein Kreuz.
Heute zeigt eine geborstene Säule mit einem trauernden Engel die Stelle an, an der man sein Grab vermutet.

Wer war's?

»Entsetzt sah ich zu, wie sie drei Liebhaber auf einmal nahm«

Ihre Eltern waren nicht nur wirtschaftlich kleine Leute, sondern auch nach Zentimetern. Der Vater, ein Parterre-Akrobat und Schlangenmensch, der auf Jahrmärkten auftrat, maß genau anderthalb Meter, von der Mutter, die in einem Wanderzirkus aufgewachsen war, kaum überragt. Und auch die Tochter, die gut ein Jahr nach ihrer Hochzeit auf die Welt kam, blieb ziemlich klein.

Zu der Zeit war Krieg, und der Vater mußte als Soldat ins Feld. Die erst siebzehnjährige Mutter, allein mit der Tochter, langweilte sich und ging mit Freunden und bald auch mit fremden Männern in Kneipen und gewöhnte sich so sehr ans Trinken, daß sie ohne Alkohol nicht mehr leben konnte. Für das Kind ließ sie die Großmutter sorgen, die aber auch dem Trunk ergeben war und, schlimmer, der Kleinen zur Beruhigung irgendwelchen Fusel einflößte.

Als der Vater aus dem verlorenen Krieg heimkam, hatte seine Frau ihn verlassen, und das Töchterchen fand er in hohem Grade verwahrlost vor, unterernährt, rachitisch und in geistiger Hinsicht zurückgeblieben wirkend. Arbeitslos und ohne Einkommen, bat er seine Mutter um Hilfe, und sie nahm die Enkelin zu sich und sorgte für sie, mit gutem Erfolg; die Kleine fühlte sich bei ihr und ihren Mitbewohnerinnen wohl. Sie blühte geradezu auf.

Aber auf Dauer war das Haus der Großmutter für sie nicht das richtige; es war ein Bordell. Zwar waren die Frauen sehr nett zu ihr, ja als sie krank wurde und dabei ihre Sehkraft immer schwächer wurde und sie nahezu blind war, gaben sie von ihrem Geld etwas dazu, um eine medizinische Behandlung zu ermöglichen.

Und sie veranstalteten sogar eine Pilgerfahrt nach Lisieux, um dort die heilige Thérèse um Heilung der Kranken zu bitten. Nicht lange danach wurde sie gesund und hatte ihre volle Sehkraft wieder.

Und dann ließ der zuständige Pfarrer ihren Vater zu sich kommen und forderte ihn auf, die Tochter aus jener »Brutstätte der Unmoral« herauszunehmen. Da nahm der Vater, der mit einem kleinen Wohnwagen und einem Pferd von Jahrmarkt zu Jahrmarkt zog, sie mit auf die Reise. Sieben oder acht mag sie da gewesen sein, und es war für sie eine harte Zeit. Sie mußte kochen lernen, sie sollte das Pferd versorgen, und bald mußte sie zum Unterhalt beitragen. Sie füllte die Pausen zwischen seinen Auftritten mit Singen, und wenn sie dann mit der Sammelbüchse durch die Zuschauerreihen ging, waren die Einnahmen merklich höher.

Aber daß damit eine Weltkarriere begann, war für niemanden erkennbar. Dazu brauchte es noch viel Zeit und Anstrengung. Als der Vater wieder heiratete und seine Frau ein Kind bekam, fühlte sie sich allein gelassen und verließ ihn. Inzwischen war sie 16 und wollte frei sein. In einer Fabrik für Militärstiefel fand sie Arbeit. Während der Freizeit verdiente sie als Straßensängerin mehr als in der Fabrik. Sie lebte nicht allein, sondern mit einer Halbschwester, mit der sie sich gut verstand. Manchmal hatten sie denselben Liebhaber. Sie ersang das Geld zum Leben, die Halbschwester sorgte für Essen und Trinken.

Eines Tages kam ein großer Blonder, in den sie sich verliebte. Von ihm wurde sie schwanger und bekam eine Tochter, um die es bald Streit mit dem Vater gab. Der entführte die Kleine und hielt sie vor ihr versteckt. Als sie nach einiger Zeit erfuhr, daß ihr Töchterchen mit Hirnhautentzündung ins Spital mußte, wo es starb, rutschte sie völlig ab. Um leben zu können, ging sie anschaffen, geriet aber an einen Zuhälter, der sie ausnutzte und sie schlug.

Das war der Tiefpunkt ihres Lebens. Da war sie zwanzig, und

von da an ging es mit ihr weit nach oben, und sie wurde weltberühmt, ohne daß sie sich hätte ändern müssen. Sie blieb, wie eine Freundin, die ebenfalls weltberühmt war, sich erinnerte: »Entsetzt sah ich zu, wie sie Raubbau mit ihren Kräften trieb, wie sie drei Liebhaber auf einmal nahm, und ich kam mir vor wie die Kusine vom Land. Sie merkte das gar nicht. Sie war immer und ewig mit ihren Gefühlen beschäftigt, ... Sie machte mich schwindelig mit all ihren Liebhabern ... Ohne je ihr ungeheures Bedürfnis nach Liebe zu verstehen, leistete ich ihr gute Dienste. Sie mochte mich; vielleicht liebte sie mich, aber ich glaube, sie konnte nur Männer lieben.« Und mit ihrem unstillbaren Durst nach Liebe wollte sie wohl, meinte die Freundin, »ein Gefühl der Unvollkommenheit ausgleichen, ihre ›Häßlichkeit‹ – wie sie sagte –, ihren zarten schmächtigen Körper, den sie in den Kampf schickte wie eine Circe, die Sirenen und Loreley, diese Verführerin, die mit ihrer unvergleichlichen Lebenskraft alle Freuden dieser Welt verhieß.«

Wer war's?

Ins Tagebuch schrieb er nur »Nichts«

Seine Tagebücher sind noch erhalten: auffallend kleine, in graues Leinen gebundene linierte Hefte. In seiner ruhigen, zarten Schrift hat der Mann, der eine der größten Umwälzungen in der Geschichte Europas unmittelbar miterlebte, sorgfältig seine Eintragungen gemacht.

Da sind sie also, die großen Daten der Französischen Revolution. Der 14. Juli 1789 zum Beispiel, an dessen Jahrestag die Pariser noch heute auf den Straßen tanzen, um jenen längst zur Legende gewordenen »Sturm« auf die Bastille zu feiern und jener Helden zu gedenken, die trotz ununterbrochenen Kanonenfeuers jene »Zwingburg des Despotismus« einnahmen und die »unschuldigen Opfer der Tyrannei« aus ihren Kerkern befreiten und sie dann als »Märtyrer des Königsdespotismus« im Triumph durch die Straßen von Paris führten – vorneweg auf einer Stange den Kopf des erschlagenen letzten Bastille-Gouverneurs. Immerhin war jener 14. Juli, an dem die Pariser offen gegen ihren König rebellierten, der Anfang vom Ende eines alten Königreiches. Jener Mann aber schrieb in sein Tagebuch nur ein einziges Wort: »Nichts.«

Oder der 20. Juni 1789, an dem die Vertreter der drei Tage zuvor proklamierten Nationalversammlung in Versailles ihren Sitzungssaal verschlossen fanden und daraufhin ins benachbarte Ballhaus zogen, wo sie den berühmten Schwur leisteten, nicht eher auseinanderzugehen, bis Frankreich eine Verfassung habe. Da wußte jener Mann in sein Tagebuch lediglich einzutragen, daß er auf der Jagd gewesen war.

Immer häufiger aber setzt er unter die Daten nur immer das Wörtchen nichts, so als sei wirklich nicht das geringste geschehen. Es wiederholt sich durch die Monate und Jahre der Revolution in immer rascherer Folge. Während die Menschenrechte verkündet werden – nichts; während Revolutionsräte ins Schloß von Versailles eindringen – nichts; während Frankreich konstitutionelle Monarchie wird – nichts; während die Gironde unter Roland und Danton den Krieg gegen Österreich und Preußen durchsetzt – nichts; während in Paris schließlich gar die Tuilerien gestürmt werden und der König abgesetzt wird – nichts, nichts, nichts.

In welch weltfremder Abgeschiedenheit saß er denn, dieser Mann, der durchaus kein Greis war, sondern noch nicht einmal vierzig, als ein ganzes Zeitalter zusammenbrach und eine neue Zeit begann? Verstand er nicht, was gespielt wurde? Interessierte es ihn nicht? Ging es ihn nichts an? Es scheint, als seien seine Interessen allein privater Art gewesen. Er liest seine Tagebücher und trägt dann sorgfältig das Ergebnis seiner Zählung ein: »Von 1775 bis 1791 bin ich 2636mal ausgegangen.«

Also wohl ein recht harmloser Zeitgenosse der Großen Revolution. Und doch erklärte die Nationalversammlung ihn für »schuldig, sich gegen die öffentliche Freiheit verschworen und einen Anschlag gegen die Sicherheit des Staates vorgenommen zu haben«, und schickte ihn auf die Guillotine.

Wer war's?

Für eine kleine Unsterblichkeit …

Er habe, schrieb er einmal seiner Braut, »großen Durst nach Leben«. Er wünschte sich, die Welt zu sehen und zu erleben – nicht die Welt der Abenteurer, sondern die der Dichter und Denker, die Welt der Kunst.

Seine Welt hatte, wie er selber erzählte, in einer Hütte begonnen, »wie man wohl ein Häuschen nennen kann, das nur einen heizbaren Aufenthalt und keine Treppe hatte, sondern wo man auf einer gleich an der Haustür stehenden Leiter unmittelbar auf den Heuboden stieg«. Der Vater war Hausierer: »Im Sommer sah man ihn, mit einem leichten, hölzernen Schränkchen auf dem Rücken, in der Heidegegend von Dorf zu Dorf wandern und mit Band, Zwirn und Seide hausieren gehen … Im Winter trieb er einen Handel mit rohen Schreibfedern und ungebleichter Leinewand … In allen Fällen jedoch mußte sein Gewinn sehr gering sein, denn wir lebten immer in einiger Armut.«

Oft begleitete der Knabe den Vater; er half ihm ein Bündel Beiderwand tragen, »ein aus der braunen Wolle der Heidschnucken und leinenem Garn gewebtes Zeug«. In die Schule ging er nur selten. So lernte er erst mit vierzehn richtig lesen und schreiben. Zwei Jahre später verschaffte ein Justizbeamter ihm eine Schreiberstelle; »ich hatte während der letzten anderthalb Jahre meines fleißigen Schulbesuchs es dahin gebracht, nicht allein eine gute Hand zu erlangen, sondern mich auch in Abfassung schriftlicher Aufsätze vielfältig zu üben, so daß ich mich denn für eine solche Stelle sehr wohl qualifiziert halten konnte«.

Nach ein paar Jahren meldete er sich als Kriegsfreiwilliger zu einem Jägerkorps. Auf diese Weise kam er nach Holland, wo er durch den Besuch von Kirchen und Museen auf den Gedanken kam, Maler zu werden. Der Gedanke ließ ihn auch später nicht mehr los, als er ins Zivilleben zurückgekehrt war. Unter der Leitung eines Malers machte er künstlerische Studien: »Die ganze Anatomie des menschlichen Körpers zeichnete ich durch und ward nicht müde, die schwierigen Hände und Füße immer zu wiederholen. So vergingen einige glückliche Monate.« Dann wurde er krank, und danach hat er das Malen aufgegeben.

Doch wandte er sich nun einem anderen Gebiet zu: der Dichtung. Er entwarf ein Gedicht über »die unsäglichen Mühseligkeiten der Soldaten im Felde«. In seinem betulichen Stil schrieb er später:

»Ich ließ von dem Gedicht einige hundert Exemplare auf eigene Kosten drucken und in der Stadt verteilen. Die Wirkung, die es tat, war günstig über meine Erwartung. Es verschaffte mir den Zudrang einer Menge sehr erfreulicher Bekanntschaften, man teilte meine ausgesprochenen Empfindungen und Ansichten, man ermunterte mich zu ähnlichen Versuchen und war überhaupt der Meinung, daß ich die Probe eines Talentes an den Tag gelegt habe, welches weiter zu kultivieren der Mühe wert sei. Man teilte das Gedicht in Zeitschriften mit, es ward an verschiedenen Orten nachgedruckt und einzeln verkauft, und überdies erlebte ich daran die Freude, es von einem sehr bekannten Komponisten in Musik gesetzt zu sehen, so wenig es sich auch im Grunde, wegen seiner Länge und ganz rhetorischen Art, zum Gesang eignete. Es verging von nun an keine Woche, wo ich nicht durch die Entstehung irgendeines weiteren Gedichts wäre beglückt worden. Ich war jetzt in meinem vierundzwanzigsten Jahr ...«

Zu dieser Zeit entschloß er sich, Latein zu lernen. Ein Gymnasium nahm ihn auf, in die Sekunda. Aber er hielt das nur ein paar Monate durch. Immerhin hatte er so fleißig gelernt, daß es ihm gelang – so erzählt er jedenfalls – »von den Oden des Horaz, von den Hirtengedichten des Virgil, so wie von den Metamorphosen des Ovid einige ... Stücke metrisch zu übersetzen, so wie die

Reden des Cicero und die Kriegsgeschichte des Julius Cäsar mit einiger Leichtigkeit zu lesen«.

In seiner etwas servilen Art verstand er es, Gönner zu finden, so daß ihm schließlich gar der Besuch einer Universität ermöglicht wurde. Doch auch da war sein »großer Durst nach Leben« nicht zu stillen. Es gelang ihm schließlich, einen ganz Großen auf sich aufmerksam zu machen, so daß der ihn in seine Nähe und in seinen Dienst nahm und ihm kraft seines Amtes zu einem Doktor- und einem Hofratstitel verhalf.

Bei ihm, dem Meister, hat er viele Jahre gearbeitet – so schlecht bezahlt, daß er die Braut erst nach dreizehnjähriger Verlobungszeit nachkommen lassen und heiraten konnte. Der andere zog ihn völlig in seinen Bann, verbrauchte ihn gleichsam und verhalf ihm schließlich doch zu einer kleinen Unsterblichkeit.

Wer war's?

Nur sein Gehirn interessierte sie noch

Auch der dritte Schlaganfall brachte noch nicht das Ende. Zwar war der erst 53jährige wieder rechtsseitig stark gelähmt, und der Verlust der Sprache war jetzt nahezu vollständig – der Kranke konnte nur wenige Worte sagen, wie zum Beispiel »Konferenz« und den Namen »Lloyd George« –, doch er war bei vollem Bewußtsein, und vor allem dachte er auch jetzt nicht daran, sich aus seiner mächtigen Position, die er seit gut fünf Jahren einnahm, zurückzuziehen. Das war nicht allein Machthunger; es hatte auch sachliche Gründe: Der von ihm und seinen Mitarbeitern entwickelte Machtapparat litt an so vielen »innerlichen Krankheiten«, daß ihm der Zeitpunkt für eine Übergabe noch nicht gekommen schien. Vor allem aber: Jener Mann, den er durch seine langjährige Förderung und Gunst fast schon zum Nachfolger designiert hatte und der seinen Tod kaum erwarten konnte, wurde ihm von Tag zu Tag unheimlicher. Und sicher glaubte er, daß er sich auch von diesem dritten Schlaganfall – wie von den beiden vorhergehenden – erholen würde.

Das war tatsächlich der Fall. Jedenfalls bis zu einem gewissen Grade. Zwar war auch nach Monaten das Sprechvermögen nicht zurückgekehrt. Aber durch eisernes Training hatte er das Schreiben neu erlernt, zwar nicht mit der gelähmten rechten, aber mit der linken Hand. Sogar gehen konnte er wieder, wenngleich er sich viel im Rollstuhl fahren ließ, weil längeres Gehen ihn sehr anstrengte.

Unterdessen aber hatten seine Gegner ihn bereits weitgehend isoliert. Unter dem Schein der Fürsorge war das eine recht einfache Sache: Mehrere Ärzte ließ man dafür sorgen, daß er sich nicht überarbeitete. Dazu gehörte auch die ärztliche Anweisung, ihm keine Zeitungen und andere Veröffentlichungen zukommen zu lassen, die ihn zu sehr aufregen könnten – von irgendwelchen internen Beschlüssen ganz zu schweigen. Immer wieder wurde ihm von den Ärzten auch die Bitte abgeschlagen, einmal in die Hauptstadt zu fahren.

Daß man ihn auf diese Weise ausschalten wollte, wurde ihm bald klar. Und eines Tages versuchte er, die Isolierung zu durchbrechen. Er ließ sich – es war nach dem Mittagessen – im Rollstuhl in die Garage fahren und setzte sich dort ins Auto. Seine Frau, der er von seinem Überraschungsplan nichts mitgeteilt hatte, und eine Sekretärin stiegen eilig mit ein; um ihn nicht aufzuregen, wagten sie nicht, ihm zu widersprechen. Auch seine Ärzte wagten nicht, ihn von seinem Vorhaben abzuhalten. In höchstem Maße beunruhigt, folgten sie in zwei Wagen seinem Auto, als er sich jetzt in die Hauptstadt fahren ließ, in seine Dienstwohnung im Regierungsgebäude. Es war Abend, als er dort ankam, wo niemand von seiner Ankunft Notiz zu nehmen schien.

Am nächsten Morgen ließ er sich durch die Straßen der Stadt fahren und besuchte eine landwirtschaftliche Ausstellung. Er tat sein möglichstes, um die Leute auf sich aufmerksam zu machen. Auffallend häufig grüßte er, wobei er betont freundlich die Mütze abnahm.

Was er mit seinem Stadtbesuch wollte, hat man nie erfahren. Vielleicht wollte er nur zeigen, daß er noch lebte und jederzeit wiederkommen könne. Nachdem er in seine Wohnung zurückgekehrt war – inzwischen von Geheimpolizisten umgeben und also längst wieder isoliert –, ließ er sich überreden, die Hauptstadt wieder zu verlassen. Der Besuch, über den die Zeitungen nichts berichteten, blieb sein letzter Auftritt in der Öffentlichkeit. Drei Monate später starb er. Sein Gesundheitszustand hatte sich nicht mehr wesentlich gebessert. Als Todesursache wurde später, nachdem eine Obduktion erfolgt war, Gehirnsklerose

angegeben, und zwar als Folge von »übermäßiger Gehirntätigkeit«.
Diese zweifellos etwas merkwürdige Entstehungstheorie hat schon damals niemanden zufriedengestellt. Vielmehr verstärkte sie nur das Interesse, das die Mediziner ohnehin an seinem Gehirn hatten. Sofort wurde auf Anregung eines Neurologen ein umfangreiches Programm zur Erforschung seines Gehirns entworfen. Während man seinen Körper einbalsamierte, wurde das Gehirn sorgfältig seziert – das heißt, nur die rechte Hälfte, denn die linke war fast völlig zerstört.
Die Arbeit, für die ein spezielles Institut gegründet wurde, zog sich über mehrere Jahre hin. Fast zwei Jahre nach seinem Tod wurde bekannt gegeben, daß man 34 000 Schnitte seines Gehirns mit entsprechenden Präparaten anderer Menschen verglichen hatte. Man glaubte, in seinem Gehirn »einen besonderen Typ von Genius« erkennen zu können. Doch wurde dieses einigermaßen vage Ergebnis durch spätere Forschungen in Frage gestellt – nicht etwa um ihn abzuwerten, sondern weil die Wissenschaft inzwischen sehr viel mehr Einblicke in die Funktion des menschlichen Gehirns gewonnen hatte.
Abgewertet wurde er nicht mehr. Im Gegenteil, er wurde nach seinem Tode geradezu verklärt. Und noch heute wird das, was von seinem Körper erhalten blieb, jeden zweiten oder dritten Monat für mehrere Stunden in ein Spezialbad getaucht, um es im Ansehen so frisch zu erhalten, als sei noch immer Leben darin . . .

Wer war's?

»Daß eine treue Freundin Sie in allem versteht und alles mitempfindet«

Du hast doch Sorge getragen, daß das Kissen richtig abgegeben wird?« wurde sie von ihrem Geliebten brieflich ermahnt, und dessen kurzer Zusatz, »Ich hoffs!«, klang drohend und zeigte, wie wichtig ihm der Vorgang war. Das von ihr mit Figuren aus der Phantasiewelt ihres Geliebten bestickte Kissen war ihr Geschenk zum 20. Geburtstag für dessen neuen Freund, den er überaus verehrte. In Briefen nannte er ihn Geliebter, Einziger, ja Heiliger. Zwei Tage nach dem Geburtstag des Einzigen sagte dieser ihm auf einem Empfang: »Von Ihrer Freundin erhielt ich ein mir theures sinnvolles Geschenk.«

Das Kissen war also angekommen und auch der Brief, den sie dem Allergroßmächtigsten geschrieben hatte, in welchem sie ihm überschwenglich für die Hilfe dankte, die er ihrem Geliebten zuteil werden ließ, – »ewig, wie sie einzig ist, wird sie prangen diese That«, und so lege sie ihm ihre »kleine Arbeit zu Füßen – jeder Stich enthält einen Segensspruch!« Und die »treu gehorsamste Dienerin« schloß: »Heil dem Wecker des Lebens«, »Heil dem siegenden Lichte!«

Schon am nächsten Tag dankte der Gefeierte ihr brieflich »für das schöne u. sinnige Geschenk, das mir groß Freude bereitet. Blicke ich auf das Kissen, so stehen die hehren Gestalten« des Einzigen »blitzschnell vor mir...« Aber wichtiger war dies: »Doch nun vor allem muß Ruhe für ihn gewonnen werden! – Tiefe, ungetrübte Ruhe... Wir, seine Freunde, wollen ihn schirmen mit mächtigem Schutze...« Und gegen Schluß: »Es würde mich freuen, bald von Ihnen zu hören, denn Ihr Rath würde mir unschätzbar sein, in Allem was unsren großen Freund betrifft. – Ihm wollen wir unser Leben weihen! Heil dem göttlichen Sieger! – Er überwindet die Finsternis. – Nochmals spreche ich Ihnen, gnädige Frau, meinen wärmsten Dank aus für Ihren mir so theuren Brief u. die sinnvolle Gabe, welche ich stets in Ehren halten werde, immer bleibe ich Ihr sehr geneigter ...«

So begann zwischen der 27jährigen Freundin und bald Ehefrau des 52jährigen Göttlichen Siegers und dem zwanzigjährigen Helfer ein freundschaftlicher Briefwechsel, der über drei, vier Jahre in teils recht langen Briefen sehr rege geführt wurde, dann aber nur noch in immer längeren Zeiträumen bis ins 20. Jahr ging, als der Göttliche bereits im Jenseits war, wohin sein jüngerer Schutzherr ihm bald folgte.

228 Briefe hat dieser mit dessen Frau gewechselt, die erst seit kurzem vollständig vorliegen. In den meisten geht es um ihren Mann und dessen große Pläne. Um ihn bangen die Brieffreunde, für ihn hoffen sie. Einmal schrieb er, der Herrscher, an die Theuerste, liebste Freundin: »Und nun bitten Sie den Freund in meinem Namen herzlich und dringend, er möge sich doch ja nicht mehr als ›Unterthan‹ unterzeichnen ... Er ist ein Gott, der von des Himmels Höhen herabstieg, die neue, beseligende Lehre den Menschen zu verkünden, die Welt zu erlösen! Ich bin von ihm erkoren, Seinen Willen den Mitmenschen kund zu thun und bin glücklich, Sein Freund zu heißen, ich, der ich sein Diener bin; wie aber kann ein Gott wie Er eines Menschen Unterthan sein, nimmer kann dies sein. – O Er mein Hort, mein Leben, Ihm zu leben, ihm zu sterben; dies ist mein Beruf.«

In einem anderen Brief ging es um ihn selbst. Da hatte er, inzwischen 22, nach zehn Monaten seine Verlobung wieder gelöst, und die Freundin gratulierte ihm dazu:

»Theuerster Herr und Freund! Wie kann nun die Freundin anders als – – – gratulieren ... Sie wissen, mein gnädiger Freund, wie ich Ihnen eine Gefährtin gewünscht habe, die mit Ihnen Freuden und Nöthen des Lebens theile, wie ich glücklich war, als Sie meinten, dieselbe gefunden zu haben. Wenn Sie, Hoher, mir heute sagen: diese war es nicht, dann kann ich nur Glück wünschen, dass der gewiss überaus schwere Schritt gethan ... Aber«, meinte sie weiter unten im Brief: »Ich fürchte den ›Drachen‹, ich fürchte sie sehr. Man wird wütend über den Entschluß sein, die mächtigen Connexionen können viel Uebles anrichten, die Zeiten sind schlimm, o dürfte ich Sie in Demuth und Liebe bitten .., der Einsamkeit sich etwas zu entziehen, dass das Volk seinen Herrn besser kenne; der guten Sache wegen bitte ich darum. Ich glaube dass wenn Sie, theurer Herr, dies über sich vermögen, die bedeutende Entscheidung gar keinen Eindruck machen kann ...« Und sie schloß: »So leben Sie denn ›frei‹ wohl und auf, mein hoher Freund! Möge der Gedanke, dass eine treue Freundin Sie in allem versteht und alles mitempfindet, Ihnen gnädig Gütiger, die Nöthen des Lebens zu erleichtern.«

Wer war's?

Männern brachte sie kein Glück

Viele priesen sie geradezu als ein Wunderkind. Das war zwar übertrieben, doch machten ihr überraschendes Auffassungsvermögen, ihre Frühreife, ihre ausgesprochene Begabung auf so vielen Gebieten überall großen Eindruck. Sie beherrschte mehrere Sprachen: Französisch, Italienisch, Spanisch und von den alten das Griechische und Latein. Als Dreizehnjährige hielt sie eine selbstverfaßte lateinische Rede. Darin vertrat sie die Auffassung, daß Frauen genauso wie Männer dazu berufen seien, in der Kunst und in den Wissenschaften zu arbeiten.

Sie selber wollte sich nicht mit bloßer Wiedergabe von Kunst begnügen, indem sie zum Beispiel Zither, Harfe, Laute, Spinett spielte, sie hatte genügend Selbstvertrauen, auf dem Felde der Dichtung produktiv zu werden. In der Literatur wußte sie gut Bescheid – für Bücher und wertvolle Handschriften hatte sie viel Geld ausgegeben –, ebenso in Philosophie und Geschichte.

Doch war sie nicht etwa, was man in späterer Zeit einen »Blaustrumpf« nannte. Dazu war sie viel zu sportlich, eine hervorragende Reiterin, gewandt und ausdauernd, und eine leidenschaftliche Jägerin. Vor allem aber war sie für einen »Blaustrumpf« viel zu charmant. Nicht nur von dem jungen Mädchen sagte man, sie brauche einem Mann nur zuzulächeln, um ihm den Kopf zu verdrehen – das galt für ihr ganzes Leben.

Seltsamerweise aber ist es den Männern nicht gut bekommen, wenn sie ihnen zulächelte. Männern brachte sie kein Glück. Das war nicht immer ihre Schuld. Der erste – sie hatte ihn als Fünfzehnjährige geheiratet – starb zweieinhalb Jahre nach der Hochzeit, noch nicht siebzehn Jahre alt, an einem Abszeß im Ohr, nachdem er von Kind an gekränkelt hatte.

Der zweite, dem sie kein Glück brachte, war ein junger Adliger, mit dem die lebenslustige Witwe – das war fast sieben Jahre nach dem Tod ihres Mannes – Briefe und geistreiche Verse wechselte. Ihm stiegen die Freundlichkeiten, mit denen sie ihn vor anderen auszeichnete, rasch zu Kopf, so daß er sich eines Tages den tollen Streich erlaubte, in ihr Schlafzimmer zu schleichen und sich unter ihr breites französisches Bett zu legen. Dort entdeckten ihn ihre Kammerfrauen – »gestiefelt und gespornt« übrigens und bewaffnet mit Schwert und Dolch. Als man ihr das berichtete, verbot sie ihm, sie je wieder zu sehen. Er aber war bereits so entflammt, daß er kurze Zeit darauf wieder in ihr Zimmer schlich. Das hat ihn das Leben gekostet: Er wurde zum Tode verurteilt und hingerichtet.

Der dritte (dem sie allerdings nicht zugelächelt hatte) kam ebenfalls auf gewaltsame und für jene Zeit eigentlich recht umständliche und geräuschvolle Weise ums Leben. In diesen Mann war sie anfangs leidenschaftlich verliebt gewesen, hatte ihn geheiratet, fühlte sich dann jedoch bald enttäuscht, ja von ihm beleidigt. Da sorgten andere – ob mit ihrem Wissen oder gar in ihrem Auftrag ist umstritten – für seine Beseitigung. Sie entschlossen sich, ihn mit einem ganzen Haus in die Luft zu sprengen. Sein Zimmer lag im ersten Stock. In den darunter liegenden Raum ließen sie abends viele Sack Schießpulver schleppen. Nachts legten sie die Zündschnur. Dann gab es eine ohrenbetäubende Explosion, die die gesamte Nachbarschaft aus dem Schlaf riß – auch seine Frau, die die Nacht nicht bei ihm, sondern in der Nähe auf einem Schloß verbrachte. Man fand eine rauchende Trümmerstätte und, gräßlich verstümmelt, vier tote Diener. Ihn fanden sie im Garten – ebenfalls tot. Vermutlich ist er bei einem Handgemenge niedergestochen worden; jedenfalls hatte er, da er wohl verdächtige Geräusche hörte, das Haus noch vor der Explosion verlassen.

Aber das ist nie genau untersucht worden. Absichtlich nicht. Denn hinter diesem Mord stand bereits ein vierter Mann, der sich von ihr hatte betören lassen. Er heiratete jetzt die zweimalige Witwe. Doch auch ihm brachte sie kein Glück, mag sie ihn auch in einem ihrer Sonette als das Ziel ihrer Wünsche besungen haben. Er mußte ins Ausland fliehen, wo man ihm aber kein Asyl gewährte, sondern ihn gefangensetzte.

Ähnlich erging es bald auch ihr selber, wenngleich man sie – jedenfalls zunächst – wesentlich besser behandelte. Während ihr Ehemann mit einem Kellergewölbe zufrieden sein mußte, in dem er nicht einmal aufrecht stehen konnte, lebte sie auf einem Schloß mit einem herrlichen Park, in gut geheizten Räumen mit wertvollen Teppichen und Gobelins; sie konnte schreiben, musizieren, Bücher lesen (sie vervollständigte noch immer ihre Bibliothek); sie hatte ihre silberne Badewanne, ihren herrlichen Schmuck, ihre kostbare Kleidung; sie durfte spazierengehen und manchmal auch ausreiten, und was das Essen betrifft: Täglich wurden für sie sechzehn Gänge aufgetragen, zubereitet nach ihren Wünschen. Nur frei war sie nicht mehr.

Doch auch damit wurde sie fertig. In der Zeit der Unfreiheit schrieb sie: »Weshalb bist du so traurig, mein Herz? Ist es, weil du der Freiheit und der Vergnügungen ... beraubt bist? Entfalte jetzt die Schwingen des Geistes und der Liebe, erhebe dich ..., fliege über die Meere hinaus! Lerne, daß hier kein Gefängnis für die Seele ist, die Gott freigesprochen hat, und daß dem die ganze Welt gehört, der weiß, wie sie zu verachten ist.« Weltverachtung aber bedeutete für sie nicht zugleich auch Menschenverachtung. Mit den Menschen ihrer Umgebung kam selbst die Gefangene noch gut aus, besonders mit den Männern.

Denn geblieben war ihr Charme, war ihre Gabe, die Männer für sich zu gewinnen. In den langen Jahren bis zu ihrem Tode mußten einige ihrer Bewacher abgelöst oder gar bestraft werden, weil sie sich bereit zeigten, für die Gefangene alles aufs Spiel zu setzen. So hat sie auch diesen Männern kein Glück gebracht.

Wer war's?

»Krankheit ist in meinem Alter ein gefährlicher Leichtsinn«

Sie war Mitte Dreißig, ledig und nach dem Maßstab ihrer Zeit schon eine alte Jungfer, als sie eine ihrer Gestalten (ledig wie sie, aber viel jünger, dazu schön und vermögend) auf die Frage, warum sie nicht heirate, so antworten ließ, wie zehn Jahre zuvor vielleicht sie selber geantwortet hätte: »Nicht nur, daß ich im Augenblick nicht an Heirat denke, ich habe überhaupt zum Heiraten wenig Lust.«

Den Einwand der Fragenden, sie werde dann eine alte Jungfer werden, tat sie ab: »Das schadet nichts, ich bin dann immerhin keine *arme* alte Jungfer«; denn allein Armut mache den ledigen Stand jämmerlich! »Eine unverheiratete Frau mit einem sehr kleinen Vermögen kann nur eine komische und unsympathische alte Jungfer werden... Ein sehr knappes Einkommen engt leicht auch den Geist ein und verbittert das Gemüt.« Wer sich ewig behelfen müsse und sich notgedrungen in einem beschränkten und recht minderen Menschenkreis bewege, »kann wohl engherzig und verdrießlich werden«. Und sie meinte: »Aber eine unverheiratete Frau mit ansehnlichem Vermögen ist immer respektabel.«

Die ihr dies in den Mund legte, war die jüngere Tochter eines Pfarrers, vorletztes von acht Kindern. Sie wußte, wie schnell jungen Mädchen die Zeit davonlief, in der sie unter die Haube kommen konnten, und daß nur diejenigen gute Chancen hatten, die ein Vermögen in die Ehe einbrachten. Ihre Familie war angesehen, und der Vater brachte sie gut über die Runden und konnte drei der Söhne studieren lassen, aber vermögend waren sie nicht. Immerhin war da ein nicht unvermögender alter Onkel, der ihren Brüdern je 500 Pfund vermachte, was

schon beachtlich war, aber sie und ihre Schwester bekamen nichts.
Töchter hatten weniger Rechte als Söhne. Oft wurden sie nicht einmal auf Schulen geschickt. Auch sie war nur kurz auf einer Schule, wurde indes vom Vater unterrichtet, mit Schülern, die bei ihm Latein lernten. Sie lernte vor allem durch Lesen. Von ihrem 11. Geburtstag an erlaubten ihr die Eltern, selbst zu entscheiden, was sie lesen wollte, aus der umfangreichen Bibliothek des Vaters, später auch aus einer Leihbibliothek, in deren Kartei sie und ihre Schwester sich eintragen ließen. »Wir sind begeisterte Romanleser und schämen uns nicht deswegen«, schrieb sie in einem Brief.
Briefe schrieb sie gern. Leider hat die Familie vor der Veröffentlichung aus den Briefen viele Stellen herausgeschnitten und vernichtet, wohl wegen ihrer wachsenden Ablehnung der »guten Gesellschaft«. Ihrer Schwester schrieb sie: »Wieder eine dieser dümmlichen Abendgesellschaften; vielleicht wären sie weniger unerträglich, wenn mehr Leute kämen, aber so waren es gerade wieder genug, um einen Kartentisch zu besetzen – plus sechs Leuten zum Zuschauen und Unsinn reden... Ich kann diese Leute einfach nicht mehr als angenehme Gesellschaft empfinden. Miss Langley sieht aus wie jedes andere zu kurz geratene Mädchen mit platter Nase und breitem Mund, modischem Kleid und zu großem Ausschnitt. – Admiral Stanhope ist Gentleman genug, aber nichtsdestotrotz sind seine Beine zu kurz und seine Rockschöße zu lang.«
Zu jener Zeit wohnte die Familie nicht mehr in dem alten Pfarrhaus, wo einer der Söhne das Amt des Vaters übernommen hatte, während zwei andere als Offiziere bei der Marine dienten. Die Eltern hatten sich entschlossen, mit den Töchtern in einen beliebten Kurort zu ziehen, vielleicht in der Hoffnung, die Mädchen doch noch unter die Haube zu bringen. Auf sie, die jüngere, wirkte die elterliche Entscheidung wie ein Schock, zumal die Eltern die ganze Einrichtung versteigern ließen. In der Zeit

zuvor hatte sie drei Romane geschrieben, doch in jenem Kurort, heißt es in der jüngsten Darstellung ihres Lebens und ihres Werkes, »versiegte ihre literarische Produktion fast vollständig«.
Zu schreiben hatte sie früh versucht; es entstanden viele kleine Stücke und »Romane« von wenigen Seiten und dann solche mit vielen Seiten, deren erster gedruckt wurde, als sie 35 war. Der Verleger hatte verlangt, daß sie die Druckkosten übernahm. Nach einem Jahr war die Auflage verkauft, und sie hatte einen Gewinn von 70 Pfund, der sich mit der zweiten Auflage verdoppelte. Dann erschien ihr zweiter Roman und im folgenden Jahr der dritte.
Nach Erscheinen ihres vierten Romans zeigten sich erste Anzeichen ihrer Krankheit, gegen die es damals kein Mittel gab. In einem Brief schrieb die Vierzigerin: »Krankheit ist in meinem Alter ein gefährlicher Leichtsinn.« Vier Monate danach starb sie. Berühmt wurde sie erst posthum, als andere an ihrem Werk viel Geld verdienten.

Wer war's?

Der Trick mit dem Falschgeld

Der Unbekannte ist von mittlerer Größe und braunem dünnen Schnurrbart und braunem langen Haupthaar, trug breitkrempigen hellbraunen Filzhut, hellbraunen Rock und Weste, Beinkleider von gleicher Farbe und schwarze Gallons...« Mit dieser Beschreibung, die durch die Zeitungen ging, suchte die Polizei einen Betrüger, der seinen Mitmenschen mit Erfolg einiges Geld aus der Tasche gezogen hatte – und zwar mit einem recht einfachen Trick. Er besuchte Leute, von denen er annehmen konnte, daß sie etwas Bargeld besaßen, und gab sich bei ihnen als Polizeileutnant aus (mit adligem Namen übrigens) oder auch als »Mitglied der geheimen Polizei«. Er sei beauftragt, erklärte er dann, nach Falschmünzern zu recherchieren, denen man bereits seit einiger Zeit auf der Spur sei. Und um jene Spur noch weiter zu verfolgen, ließ er sich von den eingeschüchterten Leuten alles gerade verfügbare Bargeld zeigen, wobei er dann nach sorgfältiger Untersuchung feststellte, daß es sich bei eben diesem Geld um die gesuchten Fälschungen handelte und es beschlagnahmte.

Einmal, bei einem Krämer, bei dem er zu seiner Enttäuschung nur einen Zehntalerschein einziehen konnte, ließ er noch gleich eine vergoldete Zylinderuhr mitgehen, nicht heimlich etwa, sondern – wie später ausgesagt wurde – »mit dem Bemerken, daß er sie als gestohlen erkannt«.

Größer waren die Einnahmen drei Wochen später bei einem anderen Opfer. Da wurden ihm 35 Taler vorgelegt, von denen er 30 für falsch erklärte und einsteckte. Aber statt es bei diesem finanziellen Erfolg zu belassen, ging er in seinem ausgeprägten Hang zur Theatralik in verhängnisvoller Weise zu weit. Er for-

derte nämlich den Eigentümer des »Falschgeldes« auf, ihm ins nächste Städtchen zur Gerichtsamtsstelle zu folgen.
Auf dem Wege dorthin aber ist er dann – laut Protokoll – »unter dem Vorgeben, ein natürliches Bedürfnis befriedigen zu müssen, abseits getreten und hat plötzlich querfeldein die Flucht ergriffen«. Von dem Eigentümer des Geldes und einem zu Hilfe gerufenen Dritten verfolgt und in die Enge getrieben, zog er eine Pistole und drohte, »damit auf seine Verfolger, wenn sie ihn nicht gehen lassen würden, zu schießen«. Sie ließen ihn gehen, zumal er vorher das Geld von sich geworfen hatte.
So war er noch einmal entkommen, aber sein Trick und sein Steckbrief wurden jetzt schnell bekannt, so daß er es zunächst nicht wagte, auf die gleiche Art weiterzumachen. Seine erste Sorge war nun ein sicherer Unterschlupf. Er entschied sich für eine in einem Wald gelegene Höhle (die heute seinen Namen trägt). Bei Nacht brachte er mit einem Kinderwagen ein paar Gegenstände dorthin, und nachdem er sich einigermaßen etabliert hatte, zog er wieder los, um Geld zu beschaffen.
In einer Gaststätte nahm er einen Satz Billardkugeln mit, den er für fünf Taler einem Drechsler verkaufte. Einem anderen Gastwirt stahl er ein Pferd und bot es für 15 Taler einem Roßschlachter an. Danach versuchte er es wieder mit dem einträglichen Falschgeldtrick, diesmal als Advokat und Doktor. Es gelang ihm, bei einem Bäckermeister 28 Taler zu kassieren.
Nur vierzehn Tage danach aber wurde er verhaftet. Zwar konnte er bei einem Lokaltermin entfliehen und wurde erst nach gut fünf Monaten wieder eingefangen, dann aber stand er endlich vor Gericht. Alles in allem hatte er sich mit seinen Diebereien und Streichen 106 Taler, 12 Groschen und 3 Pfennige ergaunert. Doch da er schon früher wegen Diebstahls im Gefängnis gesessen hatte und also rückfällig war, bekam er eine harte Strafe: vier Jahre Zuchthaus.
Nachdem er diese auf den Tag genau abgesessen hatte, war er 32 Jahre alt. Sein Leben, das in Krankheit – er war blind zur

Welt gekommen, was erst nach Monaten behoben worden war – und in unvorstellbarer Armut begonnen hatte, schien verpfuscht. Aber er gab nicht auf. Er fand einen Weg, der ihn – übrigens durch harte Arbeit – zum Erfolg und zum Ruhm führte. Man kann sagen, daß er eine ganze Welt geschaffen hat, eine Welt, in der sich noch in unserer Zeit Jahr für Jahr Hunderttausende junger Menschen hineinträumen.

Wer war's?

Ende einer Karriere: Geköpft und gevierteilt

Daß so viele gekommen waren, um seiner Hinrichtung zuzuschauen, lag an seiner hohen Stellung, zu der er sich in kurzer Zeit emporgearbeitet hatte und aus der er dann gestürzt wurde. Was hier auf so häßliche Weise endete, betraf ein ganzes Volk, ja eigentlich ganz Europa. Besessen von dem Gedanken, die Menschen zu beglücken, hatte dieser Mann Reformen über Reformen dekretiert – aber theorieverblendet und viel zu hastig. Jetzt jubelten über seinen Sturz nicht nur seine Gegner, sondern ebenso laut gerade jene, denen er zu einem freieren Leben hatte verhelfen wollen. Eine besondere Genugtuung war es ihnen allen, den noch eben so Mächtigen jetzt nicht nur klein, sondern auch schwach zu sehen.

Verwunderlich war es allerdings kaum, daß der 34jährige nicht gerade freudig aufs Schafott ging: Er hatte jene ganze Prozedur soeben schon miterleben müssen. Denn mit ihm war sein Freund und Mitarbeiter verurteilt worden, und während jenem die rechte Hand und der Kopf abgeschlagen wurden und der Körper wie der eines geschlachteten Tieres in vier Teile zerlegt wurde, hatte er unterhalb des Schafotts alles mit anhören müssen, von der Verlesung des Urteils und der Bitte des Henkers um Vergebung bis zu der grauenhaften Ausführung, Schlag um Schlag.

Nun war er selber an der Reihe, und offensichtlich fiel es ihm schwer, die Treppe hinaufzugehen. Als er oben stand, vor dem Block, der rot war vom Blut seines Freundes, hörte er noch einmal das Urteil: »... soll seiner Ehre, seines Lebens und seines Eigentums verlustig sein... Sein adeliger Wappenschild soll vom Henker zerbrochen... Seine rechte Hand, die er nach der

Krone ausgestreckt, soll ihm abgeschlagen werden, während er noch lebt, darauf sein Kopf. Sein Leib soll vom Henker gevierteilt werden ...«

Weithin war zu sehen, wie er auf dem erhöhten Schafott niederkniete, sich nach vorn beugte, den Kopf auf den Block legte und den rechten Arm daneben, auf einen kleineren Block. Als ihm mit dem Henkersschwert die rechte Hand abgeschlagen wurde, bäumte er sich auf, aber der Henker zwang ihn wieder auf den Block, und dann schlug er ihm den Kopf ab. Mit einer großen Axt wurde der Körper des Enthaupteten auseinandergeschlagen, in vier Teile, wie es das Urteil verlangte. Das Herz wurde herausgerissen. Und erst als der Henker seine Arbeit getan hatte, deckte man über alles ein großes schwarzes Tuch – nur nicht über den Kopf und die rechte Hand des Hingerichteten; sie wurden auf Stangen gesteckt und blieben auf dem Galgenfeld.

Als die Menge die Hinrichtungsstätte verließ, war von Jubel nichts mehr zu hören. Die Stimmung war umgeschlagen. Dumpf und erschüttert gingen die Tausende nach Hause. Sie schienen zu spüren, daß diese Exekution nicht Wiederherstellung der gestörten Ordnung bedeutete, sondern daß man die Sache überdreht hatte. Zu unverhüllt hatte die Hinrichtung dieses Mannes und seines Freundes den Vernichtungswillen ihrer Gegner erkennen lassen ...

Wer war's?

Und mit 31 Jahren wollte sie sich umbringen

Nur ihr erstes Jahrzehnt lebte sie daheim bei den Eltern in einer kleinen alten Stadt, wo der Vater, ein Geschmiedemacher, seine Werkstatt und einen Eisenwarenladen hatte. In jenem Handwerkerviertel waren viele Werkstätten, und die Kinder spielten dort sorglos auf den Straßen. Ein halbes Jahrhundert später erinnerte sie sich an dieses Stück intakte Welt und skizzierte ein heiles Kinderland. Da ahnte sie längst, daß dies ihre einzigen glücklichen Jahre bleiben sollten. Sie war des Vaters Liebling und durfte als einzige der Töchter aufs Gymnasium und sollte sogar studieren, um Lehrerin zu werden.

Da das Gymnasium in ihrer Geburtsstadt Mädchen nicht zuließ, gab der Vater sie in einer anderen Stadt auf ein Realgymnasium, das zum Internat der Englischen Fräulein gehörte. Zur »Scheuklappenerziehung« im Internat meinte sie später: »Ich bin katholisch geworden, ... mein Leben war so, daß ich es nicht mehr ausgehalten habe ohne einen Herrgott.« Und: »Verwirrung trug ich durch die hallenden Gänge der Tugend und Überdruß ... Hier ließen Frauen freiwillig sich entstellen und wurden einseitig streng ... Sie trieben auf Fluchtwege, was jung war und weltlich sich wehrte.«

Aber sie hielt durch, änderte indes nach dem Abitur das Berufsziel: Sie studierte Theaterwissenschaft, Germanistik, Philosophie und begann zu schreiben. In der Universitätsstadt lernte sie einen 17 Jahre älteren Schriftsteller kennen, der ihr bis dahin Geschriebenes als »Expressionismus und Krampf« abtat, woraufhin sie alles verbrannte und noch einmal neu begann.

Im nächsten Jahr veröffentlichte sie eine Erzählung, und im darauffolgenden beendete sie ein Theaterstück. Durch Vermittlung

eines jungen Dramaturgen, der bald als Autor berühmt werden sollte, kam es zur Aufführung, aber nur ein einziges Mal. Doch brachte es ihr einen Rentenvertrag mit einem Verlag.
Vier Jahre danach wurde ihr zweites Stück aufgeführt, zunächst sechsmal. Dann auf einer anderen Bühne in einer von jenem Dramaturgen stark veränderten Fassung, wodurch die Tendenz scharf politisiert wurde. Das führte zu einem Skandal und brachte ihr gewaltigen Ärger. Wie bereits das erste spielte auch dieses Stück in ihrer Geburtsstadt, was schon im Titel gesagt wurde. Dies hatte er veranlaßt, ohne dies und seine anderen Änderungen mit ihr abgesprochen zu haben. Das hat sie so enttäuscht, daß sie die Verbindung zu ihm abbrach. Noch nach Jahrzehnten zögerte sie, das Stück in ihre Gesammelten Werke aufzunehmen: »Ich selber mag es nicht lesen.«
Unter den Folgen des Skandals litt sie lange Zeit. Daß der Polizeipräsident sie unter Androhung, das Stück zu verbieten, zum Streichen einiger sexueller Szenen zwang, traf sie nicht; denn sie waren nicht von ihr. Danach wurde das Stück noch mehrmals aufgeführt. Als sie in ihre Heimatstadt zurückkam, wo inzwischen ihre Mutter gestorben war, erteilte ihr der Vater Hausverbot. Das traf sie sehr. Sie fühlte sich allein und galt als Nestbeschmutzerin, die nicht nur alle Bürger der Stadt beleidigt hatte, sondern auch die Pioniere, die dort stationiert waren und Geld in die Stadt brachten.
Mit einem Berliner Journalisten reiste sie nach Schweden und verlobte sich mit ihm. Und sie schrieb, schrieb wie unter Zwang, war aber völlig verunsichert, künstlerisch und finanziell, und mit 31 wollte sie sich umbringen. Das mißlang, und sie fuhr zurück in ihre Stadt, ohne den Verlobten. Nicht lange danach, unter den Nazis, galt sie als unerwünscht und erhielt ein eingeschränktes Schreibverbot.
In jener Zeit heiratete sie einen Tabakgroßhändler, der ihr »alles Schwere abnehmen« wollte und ihr eine Idylle fürs Schreiben versprach, sie aber bald zu ständiger Mitarbeit im Geschäft

zwang: »Schreiben kannst du auch nachts.« Sie hatte keine Wahl: »Ich biß die Zähne zusammen.« Aber das rächte sich. Sie erlitt einen Nervenzusammenbruch und mußte für drei Monate in eine Klinik.

Nach dem Ende der Nazizeit, in der sie auch Kriegsdienst leisten mußte, »gaben Kriminelle sich aus für politisch Verfolgte«, während sie wegen Tauschhandels mit Tabakwaren ins Gefängnis kam – zwar nur für 26 Stunden, aber »der Schock war so unverhältnismäßig, weil er mich auf dem Wendepunkt traf«.

Noch nicht fünfzig, schrieb sie: »Ich bin so unsicher geworden, daß ich nicht den Mut habe, an eine neue Arbeit zu denken . . .« Aber da hatte sie noch 25 Jahre vor sich.

Wer war's?

Erfolge hatte er von Anfang an

Seltsam, daß ab und an – und zwar bis in unsere Zeit – versucht wurde, auch auf ihn (nach dem Vorbild zahlloser Künstler) das Schema vom verkannten und darbenden Genie anzuwenden. Dabei ist die so überaus beliebte Schablone für sein Leben ganz und gar unpassend. Von Anfang an war es viel zu erfolgreich – ein Leben großen Stils in Palästen und Schlössern von Fürsten, Kardinälen, Herzögen, Königen und schließlich im eigenen vierstöckigen Haus mit wertvollen Gemälden und eigener Dienerschaft.

Zwar stammte er aus recht einfachen Verhältnissen, doch hatte sein (63 Jahre älterer) Vater als »Leib-Chirurg und Geheimer Kammerdiener« gute Beziehungen zur ersten Gesellschaft. Und das zahlte sich aus, als man die besondere Begabung des Jungen, für die es sonst in der Familie nicht das geringste Anzeichen gab, erkannte. Als dem Zwölfjährigen der Vater starb, brauchte die Ausbildung nicht etwa abgebrochen zu werden. Er besuchte eine Lateinschule, begann ein juristisches Studium, widmete sich aber dann mehr und mehr seiner Kunst, mit der er auch schon bald Geld zu verdienen wußte; bereits mit 19 bestritt er damit seinen Lebensunterhalt.

Er fiel auf – auch dem Mann, der auf jenem Gebiet eine der bestangesehenen und bestbezahlten Stellen Deutschlands innehatte und der nun alt wurde und sich nach einem Nachfolger umsah. Aber traditionsgemäß war die Stelle nur durch Einheirat zu bekommen, und der Zwanzigjährige hatte keine Neigung, die schon ältliche Tochter seines Vorgängers zu ehelichen. Er hat überhaupt nicht geheiratet.

Wenig später begann seine erste große Zeit. In Hamburg hatte

er einen Prinzen aus dem Hause Medici kennengelernt, der ihn an den Hof von Florenz empfahl. Und dort setzte sich der inzwischen 23jährige glänzend durch. Ebenso in Rom, in Neapel, Venedig. Man war begeistert und reichte ihn von Palast zu Palast, und überall feierte er Triumphe.
Noch keine 30, aber bereits weltberühmt, verließ er Italien, weil ein Fürst und künftiger König ihm eine gut dotierte, wirkungsreiche, ausbaufähige Stellung bot. Er wußte sie zu nutzen, verhältnismäßig leicht, schnell, aber bewundernswert sicher und unermüdlich arbeitend.
Freilich blieb auch sein Werk nicht ohne Rückschläge. Der erste wirkliche Schlag gegen ihn und sein Werk kam von einer neuen Kunstrichtung. Das Edle, Heldenhafte, Byzantinisch-Steife seiner Schöpfungen wurde durch etwas ganz Neues, ganz Entgegengesetztes, Lebensnahes, das das Publikum geradezu hinriß, außer Kurs gesetzt.
Er hat die Entwicklung nicht sogleich erkennen können. Er versuchte, großen Schwierigkeiten und finanziellen Einbußen zum Trotz, so weiter zu machen wie zuvor. Und in diesem über Jahre sich hinziehenden Versuch hat er viel Kraft geopfert und sich beträchtliche Schulden aufgeladen. Doch war er zu klug, etwa bis an den Rand des Abgrunds zu gehen. Er hatte immer noch Reserven.
Dennoch sind jene Jahre, in denen er zahlreiche Gegner hatte, nicht spurlos an ihm vorübergegangen. Körperlich, geistig, seelisch bedeuteten sie für ihn eine starke Anspannung. Und um das durchzuhalten, aß er in jener Zeit mit gewaltigerem Appetit als sonst. Er ist deswegen viel verspottet worden. Eine Karikatur zeigt ihn mit übermenschlich dicken Beinen und Armen auf einem Bierfaß sitzend, neben sich Schinken, Kapaune, Austern, Portweinflaschen. Statt der Nase hat der Karikaturist ihm einen Schweinsrüssel gezeichnet. Und in einem Spottgedicht auf ihn hieß es: »Der Riesige speist nie anders, so hören wir raunen, als eine gedoppelte Platte von Mast-Kapaunen.«

Schon sein erster Biograph sah sich veranlaßt, für die unmäßige Eßlust seines Helden um Verständnis nachzusuchen: »Diejenigen, welche ihn getadelt haben, daß er diesen niedrigen Trieben so übermäßig nachgehängt, hätten billig erwägen sollen, daß die Seltsamkeiten seiner Leibesnothdurft ebenso groß waren als die Gaben seines Geistes ... Ich will ihn gar nicht von allen Vorwürfen dieser Art lossprechen: denn so viel ist gewiß, er wandte viel mehr Sorge darauf als sonsten jemand anstehet, er sey auch wer er wolle. Es dienet aber zu seiner Entschuldigung, daß er von Natur mit einer solchen weltlichen Leibesbeschaffenheit versehen, mit einem solchen auserlesenen Geschmack, und mit einem solchen begierigen Hunger begabet, daß auch sein Vermögen hinreichend war, solchen Heischungen zu gehorchen und der Natur ein Genüge zu leisten ...« Vor allem aber, meinte sein Biograph, »erforderte seine Arbeit beständige und reichliche Versorgung mit Lebensmitteln, um die erschöpfen Geister, nach Nothdurft, zu ersetzen«.
Vielleicht war es wirklich notwendig, daß er sich in jenen Krisenjahren eine tüchtige Schicht »Kummerspeck« zulegte. Was ihn indessen über die Krise hinwegbrachte, war etwas anderes: Als er einsehen mußte, daß sein bisheriger Weg nicht weiterführte, entwickelte er eine neue Kunstform, und eigentlich schuf er erst jetzt jene Werke, die ihn unsterblich machten.
Inzwischen hatte er die Fünfzig überschritten, und nun kam die Quittung für seine Eßlust, nämlich eine Reihe von Schlaganfällen. Mit 52 war er teilweise gelähmt; er konnte die rechte Hand nicht benutzen. Eine Kur brachte weitgehend Heilung, und über Jahre hin konnte er wieder arbeiten.
Dann aber kam der härteste Schicksalsschlag. Mitten in einer Arbeit steht die Eintragung: »Verhindert worden wegen relaxation des Gesichts meines linken Auges.« Er wurde blind. Und nichts half dagegen. Er gab auch da noch nicht auf. Soweit es ihm irgend möglich war, arbeitete er weiter – acht Jahre lang. Bis zu seinem Tode.

Als er starb, hinterließ er ein Vermögen, das heute einer Million entspricht – nicht gerechnet sein Haus und seine Galerie mit den zwei Rembrandts. Sein eigentlicher Nachlaß aber ist sein Werk, das wie kaum ein anderes bis heute unveränderte Anerkennung erfährt.

Wer war's?

Sein General starb als Ballettänzerin

Er hatte es gut und aufrichtig gemeint, aber die Geschichte war trotzdem ganz und gar danebengegangen, und jetzt gab man ihm allein die Schuld. Dabei hatte er, um diesmal wirklich nichts falsch zu machen, jenes Manuskript, das zu so vielen Mißverständnissen führte, vor der Veröffentlichung noch seinem Regierungschef vorgelegt. Der aber hatte es selber kaum angesehen, sondern seinen Mitarbeitern zur Begutachtung weitergegeben; von ihnen wurden ein paar unwesentliche Verbesserungen vorgeschlagen, die der Chef dann ins Manuskript übertrug, wodurch er den Anschein erweckte, die ganze Sache bearbeitet und gebilligt zu haben. So hatte das Unheil seinen Lauf genommen.

Fast in der ganzen Welt war man über jene Äußerungen schokkiert. Besonders jedoch in seinem eigenen Land, und hier wurde er nun heftig kritisiert und von der Presse mit einer solchen Vehemenz angegriffen, daß er nicht nur völlig überrascht, sondern persönlich zutiefst enttäuscht, ja deprimiert war.

Um ihn etwas aufzuheitern oder doch zumindest ein wenig abzulenken von jenem Entrüstungssturm, hatte ihn einer seiner Freunde – es war im November – zu einer großen Jagdveranstaltung eingeladen, und dazu hatte er noch eine besonders lustige Geschichte arrangiert. Aber gerade diese Attraktion, die als Höhepunkt eines Gala-Abends gedacht war, sollte alles noch viel schlimmer machen, weil sie nämlich ein böses Ende nahm.

Zunächst allerdings ließ sich der Abend ganz ausgezeichnet an. Man saß an einer üppig gedeckten Tafel, und alle, auch unser »Hauptgast«, waren – wie ein Augenzeuge später berichtete –

»gehobener Stimmung«; es war »ein besonders farbenprächtiges, heiteres Bild«: die Damen in großer Toilette und mit strahlendem Schmuck, die Herren in grünen Fracks und schwarzen Eskarpins, einige, die in der Nähe an einer Reitjagd teilgenommen hatten, in roten Fracks.

Nach dem Diner bat der Gastgeber seine Gäste in die Schloßhalle, wo eine Regimentskapelle Tanzweisen spielte. Plötzlich schwebte eine Ballettänzerin herein und begann zu tanzen. Aber nur im ersten Moment glaubten die Gäste, eine Tänzerin vor sich zu haben, dann erkannten sie – und das war die Attraktion –, daß es in Wirklichkeit einer der höchsten Offiziere des Landes war, ein nicht mehr ganz junger General, der, als Dame kostümiert, einen Ballettanz aufführte.

»Alles war aufs höchste amüsiert«, heißt es in dem Augenzeugenbericht, denn er »tanzte großartig«. Und weiter: Als der General »eben seinen Tanz beendet hatte, begab er sich in die anstoßende Galerie . . ., um einen Augenblick Luft zu schöpfen. Ich stand vier Schritte vom Eingang der Galerie entfernt und hörte dort plötzlich einen schweren Fall. Ich eilte in die Galerie . .«, und dort fand der Zeuge den General »lang ausgestreckt, mit dem Kopf in der Fensternische, auf der Erde liegen«.

Ein Arzt war sogleich zur Stelle (später kam noch ein zweiter), aber es war nichts mehr zu helfen. Zwar wurden – während in der Halle noch immer Tanzweisen gespielt wurden – sofort Wiederbelebungsversuche gemacht, aber der General war tot. Die Ärzte kamen überein, daß der General, »der schon immer am Herzen gelitten, auch schon im Dienst (in Metz) einen schweren Ohnmachtsanfall gehabt hatte, durch die Anstrengung des Tanzes einen plötzlichen Herzschlag bekommen und bereits im Augenblick des Falles tot gewesen war. Der Tote wurde nun in dem großen Saal, ein Stockwerk höher, wo wir sonst nur die glänzendsten Diners hatten, aufgebahrt . . .«

Mit am meisten betroffen war jener Gast, zu dessen Aufheiterung der Tanz des Generals inszeniert worden war. Einmal traf es ihn persönlich, denn der General war ein Jugendfreund von ihm. Zugleich aber betraf ihn die Sache in politischer Hinsicht. Und das war gerade jetzt, da er ohnehin im Kreuzfeuer der Kritik stand, nicht ungefährlich für ihn. Es gab Leute, die öffentlich seinen Rücktritt forderten und die jede unüberlegte Äußerung von ihm, jedes verdächtige Vorkommnis aus seiner engsten Umgebung, gegen ihn ausspielten. Für sie wären die Umstände beim Tod des Generals ein gefundenes Fressen gewesen. Zwar war die ganze Geschichte ja durchaus harmlos, aber nicht lange davor waren Männern seines Freundeskreises sexuelle Verfehlungen ganz bestimmter Art vorgeworfen worden. Das war noch keineswegs vergessen. Und vor diesem Hintergrund hätte der Auftritt des Generals in peinlichster Weise zweideutig erscheinen müssen.

Doch gelang es, die Umstände zu vertuschen. Die Öffentlichkeit erfuhr das alles erst, als es politisch keinerlei Bedeutung mehr hatte. Er, für den der Tanz inszeniert worden war, lebte da schon lange im Exil.

Wer war's?

Nachts warfen sie ihm die Fenster ein

Das erstemal kamen sie nicht überraschend. Laut genug hatten sie ihr Vorhaben angekündigt, und so hatte der Professor Zeit gehabt, den Senat der Universität um Schutz zu bitten. Man hatte ihm völlige Sicherheit versprochen. Aber als sie kamen, um zwei Uhr in der Neujahrsnacht, war niemand da, um ihn zu schützen. Sie versuchten, in seine Wohnung einzudringen; als ihnen das nicht gelang, warfen sie ihm und seinem Hauswirt die Fensterscheiben ein.

Eine Beschwerde beim Senat hatte keinen Erfolg. Zwar wurde eine Untersuchung eingeleitet, aber sie blieb ohne Ergebnis. Dabei wußte man sehr genau, daß es Studenten gewesen waren, Angehörige bestimmter Orden. Nur war die Situation eben die, daß jene Orden die Universitätsstadt geradezu beherrschten; weder der Senat noch die Landesregierung wagten, gegen sie vorzugehen. Und man tat so, als könne man überhaupt nicht begreifen, wieso er sich in die Ordensangelegenheiten eingemischt hatte.

Ihm aber ging es gerade darum, daß die studentischen Geheimorganisationen, durch die es in jener Stadt so häufig zu Ausschreitungen und Krawallen kam, aufgelöst würden. Nicht durch Verbote. Vielmehr sollten sie sich selber auflösen, aufgrund eigener Einsicht. Einigen Ordensbrüdern, die er persönlich kannte, hatte er das Unwürdige ihres Treibens klargemacht. Mit dem Erfolg, daß eines Morgens Abgeordnete der drei bestehenden Verbindungen zu ihm kamen und erklärten, die Orden seien tatsächlich bereit, sich aufzulösen. Sie baten ihn, noch am selben Tag von allen Ordensbrüdern den Entsagungseid entgegenzunehmen, künftig keiner geheimen Verbindung mehr anzugehören.

Er aber glaubte sich zur Abnahme eines solchen Eides nicht berechtigt und verwies die Ordensbrüder an den Prorektor. Da aber auch der nicht zu handeln wagte, sondern die Studenten an die Landesregierung weiterverwies, fing ein großer Teil der Ordensbrüder an, den Entschluß zu bereuen. Sie fielen schließlich ganz um und wandten sich jetzt nur desto heftiger gegen ihn – vermutlich sogar mit Billigung einiger seiner Kollegen. Man hetzte gegen ihn, und es kam zu jenem nächtlichen Überfall.

Einige Wochen später, nachdem er die geheimen Verbindungen in einer Vorlesung angegriffen hatte, wurde seine Frau auf der Straße beschimpft, und zu Hause warf man ihm zum zweitenmal die Fenster ein.

Und dann, in den Osterferien, kam der häßlichste Angriff gegen ihn. Wieder war es nachts gegen zwei Uhr. Mit großen Steinen und unter wüstem Gefluche versuchten sie, das Hoftor zu zertrümmern. »Ich ging indes«, so hat er es später beschrieben, »in das Nebengebäude, wo mein Hauswirt wohnte, aus dessen Fenstern man den Platz vor dem Hause übersehen kann, um bestimmt zu wissen, was vorginge, und auf jeden Fall bei der Hand zu sein.«

»Es waren ihrer drei. Sie gingen, nachdem sie vergeblich versucht hatten, mit den zerschlagenen Mauersteinen mein Haus zu erreichen, an den durch die Straße fließenden Bach und holten kleinere Steine. Sie kehrten zurück und warfen unter Schmähungen, mit denen ich diese für rechtliche Leute bestimmte Schrift nicht besudeln will, alle Fenster in meinem Hause ein, die sie erreichen konnten. Alles, was im Schimpfen groß ist, Matrosen, Fischweiber usf. reicht nicht an die Fertigkeit dieser Klasse unter den Musensöhnen, und dem unsauberen Strome der Lästerungen, der bei dergleichen Gelegenheiten aus ihrem Munde geht, ist nichts zu vergleichen.

Nachdem sie dies vollbracht, blickten sie auf zu den Fenstern meines Hauswirts und beschlossen, auch diese einzuwerfen. Er bezahlt sie dem Wirte, sagten sie unter sich, und so bekommt er recht viel zu bezahlen. Nachdem sie es getan, riefen sie dem Wirt zu: Laß ihn ausziehen, er muß ausziehen; solange du ihn (ein honoriger Bursch nennt alle Leute du) solange du ihn im Hause hast, sollst du nie eine ganze Scheibe haben. Hierauf zogen sie unter dem Liede: ›Ça donc, ça donc, so geht es alle Tage‹, von meinem Hause ab und setzten ihre Verwüstungen an ein paar Häusern auf dem Markt und in den Straßen der Stadt ungestört fort.

Ich ging zurück in meine Zimmer. Mein Schwiegervater, der krank war, war bei dem Lärm aus seinem fieberhaften Schlafe aufgetaumelt, und ein großer Stein war hart an seinem Kopf vorbeigegangen; um eines Haares Breite war es zu tun, so hätte er ihm den Kopf zerschmettert. Man kann sich denken, in welcher Lage ich ihn und meine Frau antraf.

Nichts geht über die Schrecknisse dieser Nacht. Ich fand mich ärger behandelt als den schlimmsten Missetäter, fand mich und die Meinigen Preis gegeben dem Mutwillen böser Buben...«

Seine Frau trug von der Aufregung einen Nervenschock davon.

Eine erneute Beschwerde beim Senat führte diesmal zur Bestrafung der Übeltäter. Da er jedoch voraussah, daß das Sommersemester für ihn mehr als unruhig werden würde, bat er für ein halbes Jahr um Urlaub und zog sich aufs Land zurück.

Vier Jahre später mußte er – angeklagt der Gottlosigkeit – jene Universität ganz verlassen und ging nach Berlin. Goethe nannte ihn »eine der tüchtigsten Persönlichkeiten, die man je gesehen..., aber wie hätte er mit der Welt, die er als seinen erschaffenen Besitz betrachtete, gleichen Schritt halten sollen?«

Wer war's?

»Ich war ein fürchterliches Kind und machte meinen Eltern immerzu Probleme«

Über ihr privates Leben gab sie nur ungern Auskunft. Sie war schon über Siebzig, als sie einem Interviewer, der sie gut kannte, gestand, daß sie »kein so gutes Verhältnis« zur Mutter hatte (die in Auschwitz ums Leben kam). Dem Vater habe sie sich näher gefühlt; er »zeigte für mich mehr Verständnis«. Die elterliche Etagenwohnung mit der »typischen bürgerlichen Wohnzimmeratmosphäre« fand sie »fürchterlich, und das Eingesperrtsein darin war mir so zuwider, daß der Drang in mir immer stärker wurde, so schnell wie möglich auszufliegen, wegzufliegen«.

Ein anderes Mal betonte sie die Freiheit, die ihr die Eltern ließen; mit anderen lief sie »überall herum in der kleinen alten Stadt«. Sie sagte auch: »Ich war ein fürchterliches Kind, ich machte meinen Eltern immerzu Probleme«, welche, sagte sie nicht. Schulprobleme waren es kaum; sie lernte gern und leicht. Nach dem Abitur studierte sie Philosophie, Geschichte und Kunstgeschichte. Daß sie auch Sinologie hinzunahm, geschah vielleicht auf Wunsch des Vaters, der zusammen mit einem Bruder ein Kunst- und Antiquitätengeschäft hatte. Er war gläubiger Jude und mag gehofft haben, daß sein einziges Kind einmal das Geschäft übernehme.

Viel später sagte sie über sich in dieser Zeit: »Noch als Studierende war ich ein sehr kindliches Wesen; ich war viel kindlicher, als ich hätte meinem Alter nach sein dürfen.« Das änderte sich, als sie jüdische Emigranten aus Ungarn kennenlernte: »Sie öffneten mir die Augen für viele politische Vorgänge . . .« Einer von ihnen wurde ihr Ehemann, der neben Philosophie auch Psychologie, Soziologie und Volkswirtschaft studierte und ein Jahr vor ihr promovierte und ihr nahezu lebenslang ein guter Ratgeber für ihre Arbeiten war. Sie war Mitte Zwanzig (und hatte schon einen Sohn, dem bald eine Tochter folgte), als sie für eine ihrer ersten Veröffentlichungen einen Preis erhielt, den ersten von vielen. Nicht lange danach verließ sie ihr Land, in dem sie sich als Jüdin und Kommunistin nicht mehr sicher fühlen konnte und weil – so sagte sie viele Jahre später – »die Polizei mich schon einmal verhaftet hatte und unter ständiger Bewachung hielt«. Mit ihrem Mann floh sie über die Schweiz nach Frankreich, dessen Sprache sie beherrschte; die Kinder blieben zunächst bei den Großeltern.

Anfangs wohnten sie in einem kleinen Ort. Später, als sie die Kinder nachgeholt hatten, zogen sie nach Paris, wo er eine Schule für Emigranten und eine Zeitung gründete. Sie beschrieb nach Jahren in einem Brief ihre Arbeitsbedingungen als »äußerst kompliziert«, weil »dadurch erschwert, daß ich nicht nur Schriftstellerin, sondern auch Mutter von zwei Kindern ... und vom Morgen bis zum späten Abend eingespannt bin«. Trotzdem konnte sie wenig später einen Roman beenden, der – so schrieb sie kurz vor Ausbruch des Krieges – »Gelegenheit gibt, viele Schichten des faschistischen Deutschlands kennenzulernen«. Mit diesem Buch hatte sie Glück. Es erschien zuerst in den USA und wurde ein Bestseller und in Hollywood verfilmt und brachte ihr viel Geld. Doch zunächst wurde ihre Lage durch den Krieg höchst bedrohlich, weil Hitlers Truppen Frankreich besetzten. Ihr Mann wurde interniert, ihr aber gelang es, Einreisevisa für Mexiko zu beschaffen, und ein US-Schriftstellerverband sorgte letztendlich für die Ausreise der ganzen Familie nach Mexiko und bezahlte die Überfahrt. Sie blieb sechs Jahre in dem ihr anfangs fremden Land, dessen Sprache sie nun studierte. Ihr Mann wurde Dozent an einer Universität, und beide trafen viele gleichgesinnte Emigranten trafen. Dank ihres Bestsellers waren sie finanziell abgesichert. Und seit die Kinder in Paris studierten, hatte sie die nötige Ruhe zum Schreiben.

Sie war 48, als sie heimkehrte, um einen Literaturpreis anzunehmen. Sie zog in den sowjetischen Sektor von Berlin, der bald zur Hauptstadt der »Deutschen Demokratischen Republik« erklärt wurde. Dort lebte und arbeitete sie noch viele Jahre, vielfach ausgezeichnet und schließlich zu einer Polit-Ikone hochstilisiert, die bis zuletzt überzeugt gewesen schien, daß jener Staat, den sie nie in Frage stellte, der Grundstein sei für eine bessere und gerechtere Welt. Das war, schreibt ihre Biographin, ein »von der Hoffnung beflügeltes Wunschdenken«, das im Alter ganz aufzugeben für sie Selbstverlust bedeutet hätte«. Sie starb im Alter von 83 Jahren, fünf Jahre nach ihrem Mann.

Wer war's?

Seine Kinder gab er ins Findelhaus

Bereit zu edlen und tugendhaften Handlungen und entschlossen, nur Großes und Originelles zu schaffen, hatte er es mit 38 Jahren noch immer zu nichts gebracht. Alles mögliche hatte er schon versucht, seit er mit 16 aus der Uhrmacherlehre weggelaufen war. Er arbeitete als Kupferstecher, als Musiklehrer und Notenschreiber, als Sekretär in diplomatischen Diensten, als Lakai und Hauslehrer; er begann zu komponieren und zu schreiben. Bei alledem ließ er auch die Liebe nicht zu kurz kommen; Frauen hatten ihn schon ziemlich bald interessiert. Auch jene Dame, die – zwölf Jahre älter als er – sich seiner annahm und auf deren Kosten er mehrere Jahre lebte, wohnte und sich bildete, war schließlich seine Geliebte geworden.

Eines Tages jedoch hatte er eine junge Hausangestellte kennengelernt, ein – wie er später schrieb – »gefühlvolles, schlichtes und jeglicher Gefallsucht bares Mädchen«. Die etwa 22jährige konnte kaum schreiben noch richtig lesen, ja sie kannte nicht einmal die Uhr (es gelang ihm auch nicht, ihr das Zifferblatt verständlich zu machen), ebensowenig wußte sie sich die Reihenfolge der zwölf Monate zu merken, ja nicht einmal Geld zählte sie richtig. Kurz, sie war – so sagte er – eine »Personne stupide«, ein dummes Frauenzimmer. Ihm aber gefiel sie; er sah in ihrem Geist die »unberührte Natur«, und er erklärte sich bereit, mit ihr zu leben, allerdings ohne sie zu ehelichen: »Ich sagte ihr im voraus, daß ich sie niemals verlassen, aber auch niemals heiraten würde.«

Anfangs versuchte er, der sich allmählich ein beträchtliches Wissen angelesen hatte, »ihren Geist zu bilden«, aber »das war verlorene Mühe«. Auch stand ihm der Sinn offenbar mehr nach

Zärtlichkeit: »Unsere süße Gemeinschaft ersetzte mir alles andere: Die Zukunft kümmerte mich nicht mehr oder doch nur noch als eine verlängerte Gegenwart, denn ich trug nach nichts anderem mehr Verlangen als nach ihrer ewigen Dauer.« Zugleich war dieses Leben zu zweit ihm so günstig, daß er in weniger als drei Monaten eine ganze Oper schrieb (die allerdings durchaus kein Erfolg wurde).

Indessen war die Oper nicht das einzige Ergebnis jener »süßen Gemeinschaft«. Ein anderes brauchte etwas länger und stellte die beiden vor ganz neue Probleme. Das war ein Kind, und er berichtet: »Dies würde mich in Ansehung meiner Verhältnisse in die äußerste Bedrängnis geworfen haben, wenn meine Tischgenossen – zu Mittag aß er immer in einem Gasthof – mich nicht auf den einzigen Ausweg verwiesen hätten, der mich allem entreißen konnte.« Dieser Ausweg war, das Kind ins Findelhaus zu bringen.

Er selber wählte die Lösung »kühn« und »ohne das geringste Bedenken«. Aber die Einwände seiner Gefährtin mußte er »besiegen«: »Nur nach undenklichen Mühen gelang es mir, sie zur Annahme dieses einzigen Mittels zu bewegen, das ihre Ehre retten konnte. Da ihre Mutter sich vor neuem Kindersegen fürchtete und mir beistand, ließ sie sich endlich bestimmen.«

Ein Jahr darauf standen sie vor demselben Problem. Wieder war ein Kind gekommen, wieder gaben sie es ins Findelhaus. Jetzt, als er 38 Jahre alt war und noch immer zuwenig verdiente, vor allem aber seine Unabhängigkeit nicht verlieren wollte, da kam das dritte Kind, und wieder überredete er die Mutter zu jenem für ihn so bequemen Ausweg. Seinen Zeitgenossen und der Nachwelt aber beteuerte er, in seinem Leben auch nicht »einen einzigen Augenblick lang ... ein gefühlloser, ein herzloser Mensch und ein unnatürlicher Vater gewesen« zu sein. Überhaupt war er von seiner Güte und Tugendhaftigkeit selber tief beeindruckt: »Ich werde sterben ... in der Überzeugung, daß von allen Menschen, die ich in meinem Leben kennengelernt habe, keiner besser war als ich.«

Als das dritte Kind ins Findelhaus gegeben wurde, beteiligte er sich gerade an dem Preisausschreiben einer Akademie. Seine Arbeit erhielt den ersten Preis. Von da an war er bis zu seinem Tode berühmt und erfolgreich, wenngleich nicht ohne Feinde und einige Jahre sogar verfolgt. In einem seiner Hauptwerke, das besonders auf die Pädagogik nachhaltigen Einfluß ausgeübt hat und noch ausübt, heißt es: »Wer die Pflichten eines Vaters nicht erfüllen kann, hat auch nicht das Recht, es zu werden. Weder Armut noch Arbeit, noch menschliche Rücksichten entbinden ihn der Pflicht, seine Kinder zu ernähren und zu erziehen.«

Als er das schrieb, hatte er auch sein viertes und sein fünftes Kind von jener »Personne stupide«, mit der er 23 Jahre zusammenlebte, ins Findelhaus gegeben.

Wer war's?

»Geld? Darauf verschwende ich keinen einzigen Gedanken«

In einem der Bücher über sie ist von ihren »kleinen Geldwundern« die Rede. Da wird sie so zitiert: »Geld? Darauf verschwende ich keinen einzigen Gedanken. Es kommt stets. Wir tun alles für den Herrn, und Er sorgt für uns. Wenn Ihm daran liegt, daß wir etwas Bestimmtes tun, muß Er uns die Mittel dafür geben.«

Sie hat immer geglaubt, daß Gott sorgen wird, ja sie soll gesagt haben: »Mein Bankier ist der liebe Gott.« Und daß es so war, wird durch die Tatsache bekräftigt, daß Sein Stellvertreter auf Erden der Mittfünfzigerin eine ihm gestiftete Luxuslimousine schenkte. Die Verlosung dieses einmaligen Prachtmodells brachte ihr nicht nur hunderttausend Dollar (die sie anderen zugute kommen ließ), sondern auch Berühmtheit, weil Zeitungen aus aller Welt darüber berichteten. Und der Ruhm bewirkte weitere große und viele kleinere Geldwunder.

Die Spenden aus vielen Ländern, die Geldpreise, mit denen sie von verschiedensten Institutionen geehrt wurde, ließ sie ihrem Werk zuteil werden, das sich schon bald über viele Teile der Welt erstreckte. Der wohl ehrenvollste Geldpreis, der ihr mit 69 Jahren verliehen wurde, brachte ihr 340 000 Dollar und ein Preis der italienischen Balzan-Stiftung im selben Jahr 325 000 Dollar. Ihr Bankier meinte es wirklich gut mir ihr; allein die namentliche Nennung aller ihrer Preise, Orden und Auszeichnungen füllt mehrere Buchseiten.

Da ist es nicht verwunderlich, daß immer mehr Menschen sich für die so erfolgreiche Frau, die nur 150 cm groß war, interessierten und daß auch Bücher über sie geschrieben wurden, obgleich sie das angeblich nicht wollte. Jedenfalls soll sie – so der Autor einer der ersten Darstellungen ihres Lebens – von ihm verlangt haben, »es dürfe nichts in der Art einer Biographie oder einer biographischen Studie über sie verfaßt werden. ›Das Leben Christi‹, schrieb sie mir, ›wurde zu seinen Lebzeiten nicht aufgeschrieben, und doch vollbrachte er das größte Werk auf Erden: Er erlöste die Welt.‹«

Dieses und ein folgendes Buch wurden keine exakten Lebensbeschreibungen, erhielten aber – vielleicht gerade deswegen – die kirchliche Druckerlaubnis. Ausführlich dargestellt werden ihre angebliche arme bäuerliche Herkunft und ihre mangelhafte Schul- und Berufsausbildung. In Wahrheit war es anders; sie hat nie auf dem Lande gelebt, sondern wuchs in der Hauptstadt ihres Geburtslandes auf, wo ihr Vater es als Bauunternehmer zu einigem Wohlstand brachte. Nach seinem frühen Tod eröffnete die Mutter ein Handarbeitsgeschäft, so daß die drei Kinder weiterhin die höhere Schule bis zum Abitur besuchen konnten. Die ältere Schwester studierte Nationalökonomie und wurde Journalistin, der Bruder wurde zunächst Offizier und trat später in ein pharmazeutisches Unternehmen ein. Und sie, die Jüngste, ging mit 18 in ein Kloster, um Missionsschwester zu werden, und unterrichtete fast 20 Jahre an einer High School Geographie, Geschichte und Religion und war einige Jahre Direktorin der Schule. Als sie sich entschloß, den Armen zu helfen, machte sie einen Kursus für Krankenpflege und einen Hebammenkurs. Dann erst verließ sie das Kloster, zunächst für ein Jahr, mit der Sicherheit, wieder zurückkehren zu können.

Sie war 38, als sie ihr neues Leben begann. Später soll sie dem oben erwähnten Autor gesagt haben: »Ich war mit der Eisenbahn unterwegs nach D. Da erging Gottes Ruf an mich. Der Auftrag war ganz deutlich: Ich sollte den Armen helfen … und bei ihnen leben und wohnen. Das war ein Befehl.« War sie so? Oder war sie kämpferischer, nüchterner, so wie in ihrer Rede in Oslo gegen Abtreibung? Da sagte sie: »Der größte Zerstörer des Friedens ist heute der Schrei des unschuldigen, ungeborenen

Kindes. Wenn eine Mutter ihr eigenes Kind in ihrem eigenen Schoß ermorden kann, was für ein schlimmeres Verbrechen gibt es dann noch, als wenn wir uns gegenseitig umbringen, ... aber heute werden Millionen ungeborener Kinder getötet ... Für mich sind die Nationen, die Abtreibung legalisieren, die ärmsten Länder. Sie fürchten die Kleinen, fürchten das ungeborene Kind ... Und ich bitte Sie im Namen der Kleinen: Rettet das ungeborene Kind, erkennt die Gegenwart Jesu in ihm.« Sie sagte noch, daß sie in ihrer Armen-Stadt in sechs Jahren 61 273 Babys weniger hatten, von Familien, die sie sonst gehabt hätten, »wenn sie nicht den natürlichen Weg des Sichenthaltens praktizierten, den Weg der Selbstdisziplin; wir lehren sie das Messen der Temperatur, was sehr einfach ist.«

Wer war's?

Mehr als das Leben eingesetzt

Schon zu Lebzeiten wurde er als Nationalheld verehrt. Viele Leute wollten den Vielgerühmten, der um das Land und seine Freiheit so große Verdienste hatte, mit eigenen Augen sehen. Und manche waren dann enttäuscht. Ein 22jähriger Besucher schrieb:

»Ich wünschte lebhaft, Zuneigung für ihn zu empfinden, aber sein Gesichtsausdruck und seine Unterhaltung waren so platt, daß ich ganz bestürzt war... Ich mußte mich überzeugen, daß er kein Genie ist und keine bedeutenden Talente hat... Er ist von langsamem Verstand und drückt sich schwerfällig aus. Auf einen anderen Gegenstand umzuschalten, wird ihm schwer. Er geht nicht gründlich auf die Dinge ein und teilt die Gleichgültigkeit der meisten Amerikaner, die Fleiß und Eifer in sich ertöten. Lebhaftigkeit und Begeisterung gehen ihm völlig ab, und wenn er solche Eigenschaften an anderen bemerkt, gerät er in Verlegenheit... Er drückt seine Meinung nur vage aus und zieht sich auf seine ständige Ausflucht zurück: ›Um die Wahrheit zu gestehen, ich weiß nichts darüber‹...«

Nun, der junge Mann, der offenbar einen mitreißenden, dynamischen Helden erwartet hatte, übersah, daß der Endsechziger sich längst nach Ruhe sehnte und nicht mehr dazu aufgelegt war, etwa vor einem jungen Verehrer zu brillieren. Brilliert hat er allerdings nie. Er konnte es gar nicht; dazu war er viel zu bescheiden. Auch fehlte es eigentlich an Anlässen; es waren nicht Heldentaten im herkömmlichen Sinne, womit er sich ausgezeichnet hatte. Zwar hatte er – über Jahre hin – sein Leben eingesetzt und seine ganze Arbeitskraft, doch war er damit schließlich kein Einzelfall.

Etwas anderes allerdings läßt sich schon eher als einmalig oder doch zumindest als höchst selten bezeichnen: Nämlich, daß er zweimal für das Wohl des Staates nahezu sein gesamtes Vermögen einsetzte. Schon in verhältnismäßig jungen Jahren hatte er sich Vermögenswerte geschaffen – vor allem Landbesitz. Land war zu seiner Zeit und in seinem Lebensbereich billig zu haben, und man konnte damit rechnen, daß es im Wert steigen würde, wenn es in der richtigen Gegend lag. Doch kaufte er nicht, um später mit Gewinn zu verkaufen, sondern um das Land zu nutzen.

Er war erst 18, als er 420 Hektar Land erwarb. Das Geld hatte er sich von seinem Verdienst als Landvermesser erspart. Der größte Teil war Wald, den er zunächst unberührt ließ. Nur ein Bruchteil des riesigen Gebietes ließ er durch einen kleinen Landwirtschaftsbetrieb, den er dort anlegte und für den er einen Verwalter einstellte, bewirtschaften.

Das alles war erst der Anfang. Knapp zehn Jahre später besaß er – nicht durch Käufe, sondern teils auch als staatliche Entschädigung für seinen Dienst als Offizier – bereits 17 000 Hektar Land. Dann heiratete er eine schwerreiche Witwe, wodurch sein Besitz noch mehr vergrößert wurde. Außer einer Reihe landwirtschaftlicher Betriebe brachte seine Frau auch ein beträchtliches Effektenvermögen mit in die Ehe.

Er fing nun an, seinen riesigen Landbesitz in großem Stil wirtschaftlich zu nutzen. Dazu baute er fünf Hauptbetriebe auf, für die er Inspektoren einsetzte. Er selber behielt die Oberleitung. Zunächst wurde Tabak angebaut, später vor allem Weizen. Auch Viehzucht wurde betrieben: Rinder, Schafe, Maultiere, Pferde. Und hinzu kam eine ganze Reihe von Nebenbetrieben: eine Spinn-, eine Web-, eine Schmiede- und eine Schuhmacherwerkstatt; er betrieb eine Brennerei, eine Mühle, eine Fähre und – mit besonders großem Gewinn – die Flußfischerei.

Rasch wurde er immer wohlhabender, und eigentliche Geldsorgen scheint er nie gehabt zu haben, obwohl die Zeiten über viele

Jahre hin sehr unsicher waren. Als er während eines langen Krieges eines der höchsten Ämter übernahm, konnte er nicht nur auf das ihm zustehende Gehalt verzichten, er hat einmal sogar, als mehr als zweitausend Soldaten von der Regierung nicht mehr ihren Sold bekamen und deswegen nach Hause gehen wollten, diesen Sold aus eigener Tasche bezahlt. Das waren an 30 000 Dollar, mit denen er den größten Teil seines Barvermögens riskierte. Und ein anderes Mal setzte er noch mehr Geld ein, und zwar für seine in Kriegsgefangenschaft geratenen Soldaten, die der Gegner als Rebellen betrachtete und deshalb einfach verkommen ließ. Immer wieder anderen zu helfen – das war seine Art von Heldentum.

Obgleich er in Kriegs- und Inflationsjahren auch große Verluste hinnehmen mußte, blieb er ein wohlhabender Mann. Als er starb, hinterließ er einen Millionenbesitz. Sein Land umfaßte 26 900 Hektar. Und einige haben ihn deswegen den erfolgreichsten Bodenspekulanten seiner Zeit genannt.

Wer war's?

Mit Geld konnte er nicht umgehen

Als er noch Student war, ließ er seinen Vater, der an all seinen Problemen gewissenhaft Anteil nahm und den er sonst über den Gang seines Studiums sorgfältig auf dem laufenden hielt, einmal mehrere Wochen ohne Nachricht. Und zwar während einer für seine Ausbildung entscheidenden Zeit! Da warf der Vater ihm »grenzenlose Nachlässigkeit« vor und schrieb: »Das bestätigt mir leider nur zu sehr die Meinung, welche ich trotz Deiner mancher guten Eigenschaften hege, daß der Egoismus in Deinem Herzen vorherrschend ist.«

Es gab noch andere Gründe für diese Meinung des Vaters. Zum Beispiel, daß der Sohn während seiner Studienzeit, besonders in Berlin, allzu sorglos Geld ausgab: »Als wären wir Goldmännchen, verfügt der Herr Sohn in einem Jahr für beinahe 700 Taler gegen alle Abrede, gegen alle Gebräuche, während die Reichsten keine 500 ausgeben.«

Wirklich waren seine Ausgaben beachtlich. Sie erreichten nahezu das Jahresgehalt eines Berliner Stadtrats, während andere Studenten »mit 180 bis 200 Talern ganz famos auszukommen« wußten.

Mit Geld konnte er einfach nicht umgehen. Immer zerrann es ihm unter den Händen. Das ging sein ganzes Leben so. Und dieser Mangel an Ökonomie – ausgerechnet bei ihm, der jahrzehntelang über Nationalökonomie arbeitete – hat nicht wenig dazu beigetragen, daß er trotz vieler Zuschüsse, trotz Erbschaften und regelmäßiger Geldzuwendungen seines Freundes, in einer ewigen finanziellen Misere steckenblieb.

Freilich hatte er es nicht leicht. Im Exil eine sechsköpfige Familie – Frau, drei Kinder und Haushälterin – über Wasser zu halten, das war schon ein Problem. Manchmal konnte er die Wohnung nicht verlassen, weil sogar seine Kleidung im Pfandhaus war. Und oft konnte er, der vom Schreiben lebte, kein Schreibpapier kaufen. Heute haben seine Werke hohe Auflagen, heute werden einzelne seiner Manuskriptblätter zu hohen Preisen gehandelt – damals aber konnte er trotz unentwegter Arbeit seine Familie nicht ernähren.

Aber wie schon gesagt, erhielt er ja von seinem Freund regelmäßig geldliche Zuwendungen. Nur änderte das prinzipiell gar nichts, weil ihm mit Geld kaum zu helfen war. Bekam er größere Summen in die Hände – einmal fünftausend Mark durch eine Erbschaft seiner Frau, dann dreitausend von einem reichen Onkel und nur wenige Jahre später dreißigtausend Mark, die er selber geerbt hatte –, dann hob er sofort seinen Lebensstandard an. Als er die Erbschaft machte, bezog er ein größeres Haus. Und schon bald waren wieder die alten Geldsorgen da, und mehrere Hauslieferanten drohten ihm mit dem Gericht. Wieder mußte er unter seinen Bekannten kleinste Beträge zusammenpumpen, um wenigstens das Nötigste bezahlen zu können – »Bäcker, Milchmann, Teekerl, greengrocer, alte Metzgerschuld noch; wie soll ich mit all dem Teufelsdreck fertig werden?«

Allmählich ging ihm die ewige Misere auf die Nerven, zumal auch noch Krankheiten hinzukamen. »Mein Haus ist ein Lazarett«, schrieb er dem Freund, »meine Frau ist krank, Jennychen – die älteste Tocher – ist krank, Lenchen – die Haushälterin – hat eine Art Nervenfieber. Den Doktor kann und konnte ich nicht rufen, weil ich kein Geld für Medizin habe.«

Er selber hatte eine kranke Leber, weswegen er zeitweise gezwungen war, aufs Rauchen – er rauchte sehr viel, und zwar aus Sparsamkeitsgründen meist Zigarren allerbilligster Sorte – und auf den Alkohol zu verzichten. Alles das machte ihn reizbar, jähzornig, unverträglich; oft hatte er Kopfschmerzen, Augenentzündungen, rheumatische Gliederschmerzen; lange Zeit litt er an Schlaflosigkeit.

Daß er trotzdem soviel arbeiten konnte, setzt vielleicht eben jenen Egoismus voraus, den der Vater ihm einst vorgehalten hatte und der sich immer wieder zeigte. Als seinem Freund, der ihn finanziell unterstützte, die Frau starb, schrieb er ihm einen Brief, doch ging er darin auf dessen Unglück nur mit zwei Zeilen ein, um dann sogleich wieder nur von dem eigenen Elend zu reden und um Geld zu bitten.
Und mehr noch zeigte sich dieser Egoismus gegenüber seiner um vier Jahre älteren Frau, auf die, wie er selber sagte, der »Hauptdruck« der Misere fiel und die, von der langen Verlobungszeit an, alle Schwierigkeiten mit ihm und im Glauben an ihn und seine Mission treu getragen hat – »die Demütigungen, Qualen und Schrecken, die in dieser Situation durchzumachen sind, sind ... unbeschreiblich ...« Ihn aber hinderte das nicht – was übrigens lange vertuscht wurde –, mit der Haushälterin ein Verhältnis anzufangen, aus dem ein Sohn hervorging. So wurde das häusliche Elend nur noch unerträglicher.
Dennoch ist jener Egoismus nicht etwa die Formel seines Lebens gewesen. Sondern eher das Gegenteil, das er schon als Schüler überschwenglich idealistisch zum Ausdruck gebracht hatte. In einem Aufsatz, »Betrachtungen eines Jünglings bei der Wahl seines Berufes«, schrieb er, zu dessen Vorfahren so viele bedeutende Rabbiner zählten: »Wenn wir den Stand gewählt, in dem wir am meisten für die Menschheit wirken können, dann können uns Lasten nicht niederbeugen, weil sie nur Opfer für alle sind; dann genießen wir keine arme, eingeschränkte, egoistische Freude, sondern unser Glück gehört Millionen, unsere Taten leben still, aber ewig wirkend fort und unsere Asche wird benetzt von der glühenden Träne edler Menschen.«
Mit demselben idealistischen Enthusiasmus hat der Mann ein Leben lang gearbeitet; er hinterließ ein – wenngleich unvollendetes – Werk, das wie wenige die Geschichte der Menschheit beeinflußt hat und sie noch beeinflußt.

Wer war's?

Nicht für einen Schwindsüchtigen

Drei Ärzte hatten sie konsultiert – zu Tode erschrocken, weil er Blut gespuckt hatte und danach nur unter Schmerzen atmen konnte. »Der erste sagte, daß ich krepieren werde, der zweite, daß ich im Begriffe sei zu krepieren, der dritte, daß ich bereits als krepiert anzusehen sei.« Als er das einem Freund schrieb, hatte er sich von dem Schrecken schon einigermaßen erholt, auch schien das Schlimmste überstanden: »Mein Befinden aber ist heute wie je.« Indessen bat er: »Sag niemandem, daß ich krank war, sonst wird wieder darüber geklatscht.«

Vielleicht fürchtete er, seine Darlehnsgeber könnten nervös werden und das ihm geliehene Geld zurückverlangen; um die Reise, auf der er sich befand, finanzieren zu können, hatte er Arbeiten verkauft, die noch gar nicht fertig, ja zum Teil noch nicht einmal begonnen waren. Aber nicht das allein beunruhigte ihn. Hinzu kam das Verhalten der Leute in jenem Ort. Sie vermuteten – übrigens zu Recht –, daß er an einer Tuberkulose litt, und hatten eine panische Angst vor Ansteckung. Sie kannten die Krankheit mehr vom Hörensagen, denn auf ihrer Insel hatte es nur sehr wenige Tuberkulosefälle gegeben. Er und die Frau, in deren Begleitung er reiste, wurden aus dem von ihnen gemieteten Haus hinausgeworfen; der Besitzer wollte keinen Schwindsüchtigen beherbergen. Auch forderte er von ihnen, das ganze Haus innen neu weißen zu lassen.

Unterkunft fanden sie in einem Kloster. Daß der Kranke sich wenigstens etwas erholte, ist vor allem dem Widerstand zu danken, den er und die Frau den Forderungen der Ärzte nach Aderlässen und Ansetzen von Blutegeln entgegensetzten. Besonders sie war fest überzeugt, daß ein einziger Aderlaß ihn töten würde.

Weniger förderlich war für ihn die Mißachtung einer anderen Forderung der Ärzte. Er solle sich ausruhen, hatten sie gesagt. Er aber saß trotz des ständigen Hustens und obwohl er noch zu schwach war, Spaziergänge zu machen, täglich viele Stunden in der ungeheizten Klosterzelle – sie »hat die Form eines Sarges«, schrieb er – an seinen Arbeiten. Unterdessen erwartete er »voll Sehnsucht den Frühling oder irgend sonst etwas«.
Aber bevor der Frühling kam, entschlossen sie sich, die Insel zu verlassen und heimzukehren. Noch immer war die Angst der Eingeborenen vor Ansteckung größer als die Hilfsbereitschaft. (Hinzu kam, daß sie ihn und die Frau für gottlos hielten, weil sie zwar zusammen lebten, aber nicht verheiratet waren.) Deswegen war es nicht möglich, für ihn einen Kutschwagen zu bekommen. Nur einen ungefederten Karren lieh man ihnen, auf dem er über holprige Wege in die Hafenstadt gefahren wurde. Wohl infolge der Strapazen erlitt er, als sie dort ankamen, einen Blutsturz.
Nicht einen Tag wollte er jetzt noch auf der Insel bleiben. Er war bereit, das erstbeste Schiff zu nehmen. Ein kleiner Frachter, der Schweine geladen hatte, lag zur Abfahrt bereit. Der Kapitän nahm ihn auf, auch die Frau, aber da er genauso ängstlich war, sich anzustecken, wie die Inselbewohner, stellte er dem Kranken keine Kabine zur Verfügung, sondern brachte ihn völlig unzulänglich in der Nähe der Schweine unter.
Während der Fahrt erlitt der Kranke mehrere Blutstürze. Es bestand akute Lebensgefahr. Daß er durchkam, ist seiner Begleiterin zu danken. Energisch sorgte sie dafür, daß er von einem Kriegsschiff ihres Landes übernommen wurde, auf dem er in ärztliche Behandlung kam. Erst dort gelang es, die Blutungen zum Stehen zu bringen.
Gesund wurde er allerdings nicht. Das war bei dem fortgeschrittenen Stadium der Krankheit so gut wie ausgeschlossen. Doch lebte er nach Überwindung der unmittelbar tödlichen Gefahr noch zehn Jahre mit der Tuberkulose, die ihm langsam immer mehr (zeitweise aber auch wieder weniger) zu schaffen machte.

Entscheidend – vor allem für die Nachwelt – war, daß er nicht resignierte. Wie zuvor arbeitete er am Tage viele Stunden, um Geld zu verdienen (den ständigen Hustenreiz betäubte er mit Opiumtropfen), während die Abend- und viele Nachtstunden seiner eigentlichen Arbeit vorbehalten blieben.
Er starb im Alter von 39 Jahren. Kurz vor seinem Tode konnte er nicht mehr sprechen. Deswegen schrieb er seine letzte Bitte und was ihn zu ängstigen schien auf, nämlich seinen »Körper öffnen zu lassen, damit er nicht lebendig begraben wird«. Das ist geschehen, wobei das Herz herausgenommen wurde, um es später in einer Urne in seine Heimat zu bringen.

Wer war's?

Die Wurzel allen Übels abgenagt

Fast zwei Meter groß war er, dabei breitschultrig und schon in verhältnismäßig jungen Jahren stark beleibt; sein runder Kopf mit dichtem dunklen Haar saß auf einem wulstigen Stiernacken; den Mund verdeckte ein herabhängender Schnurrbart. In auffallendem Gegensatz zu seinem kräftigen Körper war seine Stimme: Sie war überraschend hoch und dünn.

Dieser schwerfällig wirkende Koloß, der ein ausgezeichneter Schwimmer und ein glänzender Reiter war, verfügte über beeindruckende körperliche Kräfte und Reserven. Er konnte, so heißt es, in einer Hand vier Hufeisen zusammendrücken, und es machte ihm so gut wie nichts, mehrere Tage hintereinander ohne eine Stunde Schlaf im Sattel zu sein. In Ruhezeiten allerdings, in denen solcher Einsatz nicht nötig war, pflegte er jeden Nachmittag lange zu schlafen.

Dafür stand er morgens schon sehr früh auf. Sein erster Gang führte ihn in die Kirche, wobei er sich lediglich einen Schlafrock überzog. Erst danach zog er sich an, während er bereits Leute empfing – Untergebene, denen er Anweisungen erteilte, oder auch Rechtsuchende, und nicht selten sprach er Urteile, während er gerade erst ein Hemd an hatte. Er neigte nun einmal zur Formlosigkeit und war nicht bereit, sich in fest überkommene Konventionen zu fügen.

Das galt auch für sein Verhältnis zu Frauen. Fünfmal war er verheiratet, was in seiner Zeit geradezu als tierisch galt. Der heilige Gregorius hatte erklärt: »Die erste Ehe ist Gesetz, die zweite verzeihlich, die dritte Missetat; wer aber diese Zahl überschreitet, ist offenbar ein Tier ...« Und andere hielten sogar schon die zweite Ehe grundsätzlich für Unzucht. Ihn aber hinderten sol-

che Ansichten nicht, außer seinen Ehefrauen auch noch vier »amtlich gemeldete« Nebenfrauen zu haben.
Da er mächtig genug war, konnte er sich über die Meinung der Priester in dieser Frage hinwegsetzen. Zu seinen Lebzeiten wagte ohnehin niemand, ihn wegen seiner »Sündhaftigkeit« offen anzugreifen. Das geschah erst nach seinem Tode. Da war viel von der »Vision« eines Mönchs die Rede, nach der der Verstorbene in der Hölle, an einen Felsen geschmiedet, unter entsetzlichen Qualen erdulden mußte, daß ein Tier ihm die »Wurzel allen Übels« abnagte.
Heute mag das albern klingen. Damals aber fand jene »Vision« starke Beachtung, und sie blieb nicht ohne politische Folgen. Denn auch auf den mönchisch eingestellten Sohn und Erben machte sie Eindruck, und zwar so sehr, daß er versprach, alles wieder gutzumachen, was sein Vater gesündigt hatte, wobei Wiedergutmachen Frommsein bedeutete. Und Frommsein hieß, dem Klerus möglichst viel Geld und viele Rechte zu geben. Indem es die einen also verstanden, aus jener vielbeschriebenen »Wurzel allen Übels« für sich nicht wenig Kapital zu schlagen, entstand erst dadurch ein wirkliches und folgenreiches Grundübel, nämlich eine politische Spannung, die Jahrhunderte bestehenblieb.
Der fromme Sohn, der durch seine nachgiebige Haltung mehr Schuld an dieser Entwicklung hatte als der sündige Vater, war nicht das einzige Kind. Mit Nachwuchs war die Vielweiberei reich gesegnet, und er hing sehr an seinen Kindern. Immer mußten alle, wenn es nur irgend möglich war, um ihn sein. Ja, sein starker Familiensinn ließ es höchst ungern zu, daß seine Töchter sich verheirateten; keine wollte er verlieren. Doch war er andererseits großzügig genug, von seinen Töchtern nicht ewige Keuschheit zu fordern. Als es einmal darum ging, unter den unverheirateten Mädchen seines Hauses den »Tugendpreis« zu verteilen, erhielt nur eine seiner Nichten – so jedenfalls berichtet es der Chronist – »die Siegespalme der Keuschheit; denn nur ihr

allein gelang es, unter den sinnlich nach dem Mann Rasenden, ohne zu straucheln im Taumel der Begierden, die Sinnenlust zu überwinden …« Vielleicht neigten Chronisten auch damals schon zu journalistischer Überhöhung, fest steht indessen, daß seine Töchter ein freies Liebesleben führten und daß er keinerlei Einspruch erhob.

Wer war's?

Es war …

Als Prinz im Zirkus aufgetreten

Der Mann, der in New York im Zirkus auftrat, war Prinz Louis Bonaparte (1808–1873), Sohn des Königs Ludwig von Holland und der Königin Hortense, also ein Neffe Napoleon I. Nach seinem ersten mißglückten Putschversuch gegen das französische Bürgerkönigstum – 1836 in Straßburg – ging er nach Amerika. Er kehrte aber bald zurück. Nach seinem zweiten Putschversuch (1840) wurde er gefangengesetzt, floh jedoch 1846 nach London. Durch die Revolution von 1848 wurde er Präsident der französischen Republik, Ende 1848, und vier Jahre später ließ er sich – als Napoleon III. – zum Kaiser der Franzosen ausrufen. Im Deutsch-Französischen Krieg von 1870/71 geriet Napoleon nach der Schlacht von Sedan am 2. September 1870 in preußische Kriegsgefangenschaft. Unterdessen wurde in Paris die Republik ausgerufen. Nach seiner Entlassung aus der Kriegsgefangenschaft (auf Wilhelmshöhe bei Kassel) ging Napoleon III. mit seiner Frau, der Spaniern Eugenie de Montijo, ins Exil nach England.

In der Furcht, verrückt zu werden

Getrieben von der Sehnsucht nach Ruhm und dabei in ständiger Furcht, verrückt zu werden, war der dänische Märchendichter Hans Christian Andersen (1805–1875). Mit seinen Märchen (nicht mit seinen Romanen und Bühnenstücken) hatte Andersen größten Erfolg. Ihre Verbreitung übertrifft heute bei weitem die der Werke Goethes und Shakespeares; sie sind in etwa hundert Sprachen übersetzt und dürften in der Verbreitung nur noch hinter der Bibel zurückstehen. Seinen ruhmvollen Aufstieg hat Andersen mehrmals beschrieben. Schon 1847 erschien

»Das Märchen meines Lebens ohne Dichtung«, acht Jahre später die Fassung »Das Märchen meines Lebens«. Andersen, der Junggeselle blieb, ist viel gereist. Er besuchte fast alle Länder Europas. Und überall fand er größte Anerkennung, was er in seinen Reisebüchern genauestens darstellte. Daß er sich immer um die Gunst der Fürsten bemühte, ist ihm (vor 1848) von vielen verübelt worden. 1851 sagte Heinrich Heine: »Er verrät in seinem äußeren Anstande ein ängstliches devotes Benehmen, so wie die Fürsten es gern haben. Daher hat Andersen auch bei allen Fürsten eine so glänzende Aufnahme gefunden.«
Nicht nur gegenüber Fürsten scheint Andersen devot gewesen zu sein. Der dänische Dichter und Kritiker Carsten Hauch urteilte: »H. C. Andersen wirft sich in den Staub und läßt sich von jedem, dem es einfällt, dann treten. Er drängt sich in alle Familien ein, leckt den Speichel aller Menschen und ist ebenso rückgratlos und ohne Haltung in seiner Person wie in seinen Gedichten.«

Täglich zog er ein reines Hemd an

Der zwei Zentner schwere Mann, der (im Jahre 1728) mit seinem ältesten Sohn zu Karnevalsfesten eingeladen wurde, und zwar nach Dresden, von August dem Starken, war der Preußenkönig Friedrich Wilhelm, der Soldatenkönig (1688–1740). Die Einladung war von Wien inspiriert worden, nachdem der König in manisch-depressiver Stimmung von Abdankung zugunsten seines Sohnes Friedrich gesprochen hatte. In Wien fürchtete man, daß ein solcher Regierungswechsel Preußen zu sehr mit England verbinden würde (die preußische Königin plante eine Heirat Friedrichs mit einer englischen Prinzessin, was Wien dann durchkreuzte). Deswegen wollte man Friedrich Wilhelm ein wenig aufheitern, um ihn von seinem Abdankungsplan abzubringen, was dann ja auch gelang. Friedrich Wilhelm hat danach noch zwölf Jahre, bis zu seinem Tode, regiert.

Einige Historiker sind überzeugt, daß der junge Friedrich sich bei jenem Besuch in Dresden eine Geschlechtskrankheit zugezogen hat, die vernachlässigt und falsch behandelt wurde. Das habe letztlich zur Folge gehabt, daß Friedrich ohne Erben blieb.

»Kilometer von nacktem Rücken ...«

Die Mutter, die für die modische Kleidung ihrer Tochter so wenig Verständnis zeigte, war die Physikerin Marie Curie (1867–1934), die zusammen mit ihrem Mann Pierre Curie 1898 die radioaktiven Elemente Polonium und Radium entdeckt hatte. Den Namen »Polonium« gab das Forscherehepaar dem neuentdeckten Element in Erinnerung an Maries Geburtsland Polen. Zusammen mit ihrem Mann und Henri Bequerel, der 1896 nachgewiesen hatte, daß Uransalze eine besondere Art von Strahlen aussenden (was die Curies veranlaßte, nach dem Radium zu suchen), erhielt sie 1903 den Nobelpreis für Physik. Acht Jahre später erhielt sie allein den Nobelpreis für Chemie (für ihre Verdienste um den Fortschritt der Chemie durch die Entdekkung der Elemente Radium und Polonium durch Isolierung des Radiums). Da war ihr Mann schon seit fünf Jahren tot; er war auf der Straße von einem Pferdewagen überfahren worden.

Marie und Pierre Curie hatten zwei Töchter. Die ältere, Irène, wurde Naturwissenschaftlerin und bekam 1935 zusammen mit ihrem Mann Frédéric Joliot den Nobelpreis für Chemie, und zwar für ihre Synthese neuer radioaktiver Elemente. Die jüngere Tochter, Eve, mit der die Mutter über Mode und Schminken stritt, wurde Musikerin und Schriftstellerin. In dem Buch »Madame Curie« hat sie das Leben ihrer Mutter dargestellt. Marie Curie starb im Alter von 66 Jahren an einer besonderen Form von perniziöser Anämie, die durch die jahrelange Einwirkung des Radiums entstanden war.

Weil er schwarze Handschuhe trug...

Der Mann, der zu einer Opernaufführung entgegen der Etikette mit schwarzen Handschuhen erschien und den vornehmen Familien seines Landes als nicht gesellschaftsfähig galt, war Abraham Lincoln (1809–1865), von 1861 bis zu seiner Ermordung Präsident der Vereinigten Staaten. Lincoln (aufgestellt von der jungen Republikanischen Partei) war von einer Minderheit gewählt worden; die Mehrheit der Wähler hatte sich auf mehrere andere Parteien zersplittert. Aus dem Süden hatte er gar keine Stimmen bekommen, und weil man dort von ihm nichts Gutes erwartete, entschloß man sich zum Ausscheiden aus der Union; das waren die Staaten Süd-Carolina, Mississippi, Florida, Alabama, Louisiana, Texas, denen später noch Nord-Carolina, Arkansas, Tennessee und Virginia folgten. Lincolns Ziel als Präsident war die Wiederherstellung der Union.

Der Prinz, den Lincoln zu Beginn seiner Amtszeit empfangen mußte, war Jérôme Napoleon, ein Vetter Kaiser Napoleon III. Offiziell war er als militärischer Beobachter nach Amerika gekommen. Tatsächlich jedoch wich er auf diese Weise einem Duell mit einem Sohn des entthronten Louis Philippe aus.

Die Hintergründe zu Lincolns Tod sind bis heute nicht völlig geklärt. Während es lange Zeit als sicher galt, daß Lincoln im Auftrag der Südstaaten ermordet wurde, setzte sich allmählich mehr und mehr die These durch, daß der wahre Mörder Lincolns in dessen eigener Regierung saß.

Seine Mutter galt als Hexe

Der Gelehrte, dessen Mutter als Hexe angeklagt wurde, war Johannes Kepler (1571–1630), der Schöpfer der neueren Himmelskunde. Zu jener Zeit war er in Prag Kaiserlicher Mathematiker und Hofastronom. Kepler fand als erster eine dynamische

Erklärung der Planetenbewegung, die »Keplerschen Gesetze« (die Planeten bewegen sich in Ellipsen, in deren einem Brennpunkt die Sonne steht; die Verbindungslinie zwischen dem Mittelpunkt der Sonne und den Planeten überstreicht in gleichen Zeiten gleiche Flächen; die Quadrate der Umlaufzeiten verhalten sich wie die Kuben der mittleren Entfernungen von der Sonne).
Zu Keplers Zeit, also Ende des 16. und Anfang des 17. Jahrhunderts, fanden in Deutschland die meisten Hexenverbrennungen statt. Der »Hexenhammer« der päpstlichen Inquisitoren Heinrich Institoris und Jakob Sprenger war schon 1489 erschienen.

Geboren in einer Garderobe

Der Junge, der in einer Garderobe zur Welt kam, und zwar am 30. November 1874 auf Schloß Blenheim in Oxfordshire, war Winston Churchill (1874–1965), Enkel des 7. Herzogs von Marlborough und späterer britischer Premier (1940–1945 und 1951–1956) und 1953 Nobelpreisträger für Literatur. Sein Vater, Lord Randolph, war Politiker (Schatzkanzler). Der Vater seiner Mutter, Leonhard Jerome, der seiner Tochter nach der »schwedischen Nachtigall« Jenny Lind den Namen Jennie gegeben hatte, war Eigentümer und Herausgeber der »New York Times«.

»Wir irren allesamt ...«

»Wir irren allesamt ...«, ein Kanon, war das letzte Werk Ludwig van Beethovens (1770–1827), der am 26. März 1827 in Wien starb. Schon acht Jahre vor seinem Tode war er völlig taub. Bemerkbar gemacht hatte sich das Gehörleiden bereits 1798, als

Beethoven 28 Jahre alt war. Drei Jahre später teilte er es einem Freund mit, bittend, »es als ein großes Geheimnis aufzubewahren und niemandem, wer es auch sei, anzuvertrauen: »Wisse, daß mir der edelste Teil, mein Gehör, sehr abgenommen hat . . ., solche Krankheiten sind die unheilbarsten . . .« Weiter berichtete er, wie es ihm in den Ohren Tag und Nacht sause, was ihn manchmal in Verzweiflung und sogar den Gedanken an Selbstmord bringe. Durch dieses Leiden wurde der im Grunde lebensfrohe Beethoven zum einsamen Sonderling. Als er gar nichts mehr hörte, trug er stets ein »Konversationsheft« bei sich, in das seine Freunde und Bekannten eintrugen, was sie ihm sagen oder ihn fragen wollten. Diese Hefte sind noch erhalten. Beethoven stammte aus Bonn, wohin sein Großvater aus dem Flämischen als Hofmusiker gekommen war. Auch Beethovens Vater war Musiker; er begann schon frühzeitig, den Sohn in Musik zu unterrichten. Mit 13 wurde Ludwig van Beethoven Mitglied des kurfürstlichen Orchesters in Bonn, ein Jahr später zweiter Hoforganist. 1787 fuhr er nach Wien und besuchte Mozart. Fünf Jahre darauf reiste er ein zweites Mal nach Wien und nahm Unterricht bei Haydn, Salieri (von dem später das unsinnige Gerücht ging, er habe Mozart vergiftet) und Johann Schenk. 1795 trat er in Wien zum erstenmal mit eigenen Werken auf. Rasch gewann er hohes Ansehen.

Fünf Jahre als Sklave in Algier

Der Mann, der fünf Jahre in algerischer Gefangenschaft auf die Auslösung warten mußte, war der spanische Dichter Miguel de Cervantes Saavedra (1547–1616). Verwundet worden war er in der Seeschlacht von Lepanto (1571), in der die italienisch-spanische Flotte unter Juan d'Austria einen großen Sieg über die Türken errang.
Cervantes, der seit 1594 in Granada als Steuereinzieher arbeite-

te, schrieb Schauspiele, Novellen, Romane. Sein Hauptwerk, »Der geniale Hidalgo Don Quijote von der Mancha«, ist eigentlich eine Satire gegen die Ritterromane jener Zeit. Sein Held, der »Ritter von der traurigen Gestalt«, ein armer Landjunker, ist durch das Lesen solcher Ritterromane gänzlich verwirrt und zieht auf Abenteuer aus. Dabei hält er Bauernschenken für Ritterburgen und kämpft gegen Windmühlen, weil er sie für Riesen hält. Er ist ein Idealist – selbstlos, anständig, für das Recht kämpfend –, der schließlich (nicht zuletzt durch seinen nüchtern-selbstsüchtigen Knappen Sancho Pansa) den notwendigen Ausgleich von Ideal und Wirklichkeit erkennt. Der erste Teil des Romans erschien 1605. Ein Jahr vor seinem zweiten Teil (1614) erschien jenes Plagiat: »Segundo tomo del Ingenioso Don Quijote de la Mancha«. Als dessen Verfasser zeichnete ein Licenciado Alonso Fernández de Avellaneda. Wer sich dahinter verbarg, ist bis heute ungeklärt.

»Ich blieb auf dem Lager der Schmerzen«

Die etwas seltsame Geburtsszene schildert Katharina die Große (1729–1796) in ihren Memoiren. Als 25jährige Frau des Großfürsten Peter wurde sie am 1. Oktober 1754 von ihrem ersten Kind entbunden; es war der spätere Zar Paul I. Die Ehe zwischen dem Großfürsten Peter und der aus Deutschland stammenden Katharina war auf Betreiben von Peters Tante, der Zarin Elisabeth, zustande gekommen. Elisabeth wollte, daß der körperlich und geistig zurückgebliebene Peter möglichst bald einen Thronfolger hatte. Es ist jedoch höchst unwahrscheinlich, daß Peter der Vater des Thronfolgers war. Die moderne Forschung hält es für sicher, daß Pauls Vater der Kammerherr Sergej Saltikow war, mit dem Katharina ein Verhältnis hatte. Paul aber hat sich immer als Sohn Peters III. gefühlt. Als er Zar wurde (1796), hat er als erstes den 34 Jahre zuvor ermordeten Peter III., der bei seinem Tod noch ungekrönt gewesen war, posthum gekrönt. An Peters Sturz und möglicherweise auch an seiner Ermordnung war Katharina beteiligt.

Gäste brachten ihn aus dem Gleichgewicht

Der Mann, der mit wissenschaftlicher Akribie das Für und Wider der Ehe gegeneinander abwog, war der englische Naturwissenschaftler Charles Darwin (1809–1882). Von 1831 bis 1836 nahm er an der Forschungsreise der »Beagle« nach Südamerika und in den Stillen Ozean teil. 1842 erwarb er den Landsitz Down bei Beckenham und lebte dort als freier Forscher bis zu seinem Tod. Dort entstanden unter anderem seine Hauptwerke: »Über die Entstehung der Arten durch natürliche Zuchtwahl« und »Die Abstammung des Menschen und die geschlechtliche Zuchtwahl«.

Seinen Kritiker auf Pistolen gefordert

Es war Bismarck (1815–1898), der sich im preußischen Landtag (am 2. Juli 1865) von einem Abgeordneten beleidigt fühlte und daraufhin den Abgeordneten auf Pistolen forderte. Der Abgeordnete war der Pathologe und Anthropologe Rudolf Virchow (von der deutschen Fortschrittspartei). Verhindert wurde das Duell durch die Vermittlung des Kriegsministers von Roon. Das Attentat auf Bismarck erfolgte am 8. Mai 1866 in Berlin, Unter den Linden. Der Attentäter, den Bismarck selber überwältigte – es war der Tübinger Student Ferdinand Cohen-Blind –, nahm sich im Gefängnis das Leben. Bismarck hatte unwahrscheinliches Glück: Zweimal war er aus unmittelbarer Nähe getroffen worden; die Geschosse hatten seinen Überzieher und seine Kleidung durchschlagen, waren dann aber nicht weiter gedrungen. Daß Bismarck zu jener Zeit so unbeliebt war, hing bereits mit der unmittelbar bevorstehenden kriegerischen Auseinandersetzung mit Österreich zusammen. Der Krieg begann am 15. Juni 1866.

Tröstungen für die Därme Seiner Majestät

Der König, der – wie einige Historiker sagen – zum Märtyrer seiner Ärzte und Chirurgen wurde, war Ludwig XIV. von Frankreich (1638–1715). Er wurde durch die vielen Aderlässe, Abführmittel und täglichen Schwitzkuren so sehr geschwächt, daß sein Körper schließlich keinerlei Widerstandskraft mehr hatte. Da den Medikamenten, die man ihm eingab, die unglaublichsten Bestandteile beigemischt wurden, wie zum Beispiel Pferdemist, ist zu vermuten, daß viele seiner Leiden gerade durch die Medikamente verursacht wurden: Dyspepsie, Enteritis, Furunkulose, Fisteln. Das wirtschaftliche System, das jeden einzelnen in den Dienst des Staates stellte, auch den König, war von Ludwigs Minister Jean Baptiste Colbert entwickelt worden. Nach ihm heißt es »Colbertismus«; es ist eine Variante des Merkantilismus.

»Wozu eine solche Beschimpfung ...«

Es war Feodor M. Dostojewski (1821–1881), der wegen Teilnahme an den Zusammenkünften der »Petrascheffzer« (nach Michael Petraschewski) 1849 zu vier Jahren Zuchthaus verurteilt wurde. Die Strafe verbüßte er in Sibirien. Ursprünglich hatte das Urteil auf acht Jahre gelautet. Zar Nikolaus I. änderte es auf vier und anschließenden Dienst als Soldat. Bis 1859 war Dostojewski in einem sibirischen Regiment Soldat. Ob die Farce mit dem Todesurteil von Zar Nikolaus ausging, ist ungeklärt.

Was Dostojewski zu den »Petrascheffzern« hinzog, war vermutlich ihre konsequente Ablehnung der Leibeigenschaft. Auch er hielt die Leibeigenschaft für etwas Unmenschliches. Er hatte erlebt, wie Leibeigene unter dem von ihren Herren ausgeübten Druck reagieren konnten: Sein Vater (Arzt und Gutsbesitzer) war von seinen Leibeigenen umgebracht worden.
Dostojewskis Dichtung (Hauptwerke: »Schuld und Sühne«, »Der Idiot«, »Die Besessenen«, »Die Brüder Karamasow«) hat die moderne Literatur und auch die Philosophie stark beeinflußt.

Wäsche-Zeichen für deutsche U-Boote

Es war der englische Schriftsteller David Herbert Lawrence (1885–1930), der mit seinen Romanen, in denen er sich für ein intensiveres, ursprünglicheres, sexuell freieres Leben aussprach, auf starken Widerstand stieß. 1916 wurde sein Roman »The Rainbow« von einem englischen Gericht für obszön erklärt und verboten. Das Buch mußte eingestampft werden. Inzwischen zählt D. H. Lawrence, der mit Frieda Weekley, geb. Freiin von Richthofen, verheiratet war, zu den meist gelesenen und übersetzten englischen Schriftstellern unseres Jahrhunderts, vor allem mit seinem letzten Roman, »Lady Chatterley's Lover«.

Weil er am Sonntag eingeliefert wurde ...

Der Mann, der in einer Irrenanstalt starb, aber – wie seine vor einigen Jahren aufgefundenen Krankenpapiere erkennen lassen – nicht geisteskrank war, war der ungarische Geburtshelfer Ignaz Semmelweis (1. 7. 1818 in Ofen, heute zu Budapest, bis 13. 8. 1865 Wien), der »Retter der Mütter«. Er erkannte schon als Assistenzarzt an der ersten Gebärklinik in Wien die Kontaktinfektion als Ursache des Kindbettfiebers und entwickelte Desinfektionsmethoden. Den wissenschaftlichen Beweis für die Richtigkeit seiner Thesen erbrachten später die Bakteriologen.

Weil das Nachtgeschirr nicht sauber war ...

Der Doktor beider Rechte und Ritter vom Goldenen Sporn, den die Nüchternheit jener Kadettenanstalt abschreckte, war Giacomo Casanova (1725–1798). Seinen Zeitgenossen vor allem durch seine tollkühne Flucht aus den Bleikammern Venedigs (1756) bekannt, ist er heute durch seine Memoiren weltberühmt; sie gehören zu den kulturgeschichtlich bedeutendsten Quellenwerken des 18. Jahrhunderts.
Das Angebot, Lehrer für angehende Offiziere zu werden, machte diesem Spieler, Abenteurer und Frauenhelden kein Geringerer als Friedrich der Große. Casanova war in der Hoffnung nach Berlin gekommen, dort eine Anstellung zu finden. Über einen Freund hatte er das auch den König von Preußen wissen lassen. Nach jenem Angebot aber reiste er nach Rußland weiter, nach Petersburg, an den Hof Katharinas der Großen, und nach Moskau.

Angeprangert als Verderber der Sittlichkeit

Den Vorwurf, die Sittlichkeit zu verderben, ja die jungen Leute zum Selbstmord anzuhalten, machte man dem 25jährigen Johann Wolfgang Goethe (1749–1832), und zwar wegen seines Briefromans »Die Leiden des jungen Werthers«. Der zur Herbstmesse 1774 erschienene »Werther« erregte vor allem den Zorn des Hamburger Hauptpastors Johann Melchior Goeze,

der wenig später durch Lessings Schrift »Anti-Goeze« unsterblich wurde.
Besonders durch den »Werther«, der schnell ein Erfolg wurde und schon bald nachgedruckt wurde, ist Goethe bekannt geworden. In vielen Ländern – so auch in Frankreich – blieb Goethe immer nur der »Dichter des Werther«. Auch Napoleon brachte bei der Begegnung mit dem inzwischen 59jährigen Dichter (in Erfurt, 1808, wo er Goethe und Wieland mit dem Orden der Ehrenlegion auszeichnete) das Gespräch auf diesen Roman, den er – so berichtet Goethe – siebenmal gelesen hatte und von dem er »eine tief eindringende Analyse« gab.
Die erste Fassung hat Goethe 1787 umgearbeitet. Dabei wurde die Form etwas geglättet, und einige Spracheigentümlichkeiten aus dem Sturm und Drang fielen fort; einige Episoden kamen neu hinzu, und die Gestalt Alberts wurde sympathischer gestaltet.

Nur als »beladenes Schiff«

Es war Julia (39 v. Chr.–14 n. Chr.), die Tochter des Kaisers Augustus, die auf Betreiben ihres Vaters wegen ihres ausschweifenden Lebens aus Rom verbannt wurde, und zwar im Jahre 2 v. Chr. Julia war in dritter Ehe mit Tiberius verheiratet, dem Adoptivsohn und Nachfolger des Augustus. Zehn Jahre später, als auch ihre Tochter Julia Agrippina verbannt wurde, mußte auch Ovid, der Dichter der »Liebeskunst« und der »Metamorphosen«, Rom verlassen. Auch er durfte nie wieder in die Heimat zurückkehren.

Nie wage ein Mensch zu trennen ...

Sechsmal das Sakrament der Ehe eingegangen – obwohl er die Ehe an die erste Stelle der Sakramente gesetzt hatte –, ist Hein-

rich VIII. von England (1491–1547). Für seine Kampfschrift gegen Luther (Assertio septem sacramentorum, 1521) erhielt er von Papst Leo X. den Titel »Defensor fidei« – »Verteidiger des Glaubens«, den Englands Könige heute noch führen. Als Heinrich sich 1526 nach zwanzigjähriger Ehe von Katharina von Aragon scheiden lassen wollte, weil Katharina ihm nicht den ersehnten Sohn schenkte, erhielt er für die Scheidung trotz langjähriger Prozesse nicht die Zustimmung des Papstes. Da löste er sich (1533) von Rom und ließ die Ehe durch den Erzbischof von Canterbury für ungültig erklären. Begründet wurde die Scheidung nicht mit den wirklichen Gründen, sondern mit Heinrichs »Gewissensnot«: Der König sei von tiefen Zweifeln gequält, ob er mit Katharina in rechtmäßiger Ehe lebe, da sie ja vorher seines Bruders Weib gewesen ...« (»Gewissen« war damals ein ständig verwendeter Begriff, so wie heute der der Freiheit, und genau wie dieser ließ er sich nur allzu leicht mißbrauchen.)
Daß Heinrich sechsmal geheiratet hat, trug wesentlich dazu bei, ihn als Gewaltmenschen und brutalen Wüstling ins allgemeine Geschichtsbewußtsein eingehen zu lassen. Aber dieses weitverbreitete Bild von Heinrich VIII. ist falsch. Vor allem wird dabei übersehen, daß die Ehen des Königs keine Privatangelegenheiten waren, sondern daß jede Heirat (und auch jede Scheidung) eine politische Aktion bedeutete. Hinter der Scheidung von Katharina von Aragon, seiner ersten Frau, stand zum Beispiel ein entscheidender Wandel in der englischen Außenpolitik: nämlich die Lösung von Spanien, mit dem England jahrzehntelang verbunden gewesen war, und die Hinwendung zu Frankreich.

In einem Waggon zum Transport frischer Austern

Es war der russische Dichter Anton Tschechow (1860–1904), der – als Toter – in einem »Waggon zum Transport frischer Austern« in die Heimat gebracht wurde. Tschechow begann zu

schreiben, um sich ein paar Rubel zu verdienen. Sehr bald hatte er mit seinen Kurzgeschichten, die er Zeitungen und Zeitschriften anbot, großen Erfolg. Ebenso, als er sich später dem Drama zuwandte. In seiner Dichtung zeigt er, daß das Leben auf tragische Weise von Zwecklosigkeit und Leere bestimmt ist. Die letzten sechs Jahre lebte er in Jalta. Er starb während eines Kuraufenthalts in Badenweiler.
Über seine Beisetzung in Moskau schrieb Maxim Gorki (in einem Brief an seine Frau): »Wir haben soeben Anton Tschechow begraben... Ich bin nach diesem Begräbnis so niedergeschlagen, daß ich bezweifle, ob ich Dir darüber in verständlicher Weise berichten kann... Dieser wunderbare Mensch, dieser große Künstler, der sein Leben lang gegen die Mittelmäßigkeit gekämpft hat, indem er sie sanftmütig und liebevoll mit einem mondscheinähnlichen Licht erhellt hat, Anton Pavlovitsch, den alles Banale und Vulgäre verletzt hat, wird in einem ›Waggon zum Transport frischer Austern‹ heimgebracht und neben dem Grab einer Kosakenwitwe, Olga Kukaretkina, begraben! Gewiß, das sind nur Belanglosigkeiten, aber wenn ich an die Austern oder Olga Kukaretkina denke, dann schnürt sich mir das Herz zusammen, und ich könnte vor Empörung und Wut heulen. Ihm wäre das ganz gleich gewesen; seinetwegen hätte man seine Leiche in einem Korb für schmutzige Wäsche überführen können, aber uns allen, der russischen Gesellschaft, kann ich diesen ›Waggon für Austern‹ nicht verzeihen. In diesem Waggon sehe ich gerade die Niedrigkeit des russischen Lebens, seine Kulturlosigkeit, die Tschechow zu seinen Lebzeiten so empörten...

Einmal sagte sie auch: »Selbstmord macht süchtig.«

Es war die amerikanische Lyrikerin Anne Sexton (Newton, Mass., 9.11.1928 bis 4.10.1974 in Weston, Mass.), die zeitlebens psychisch labil war und auf Rat ihres Psychiaters zu schreiben begann und mit ihren bekenntnishaften Gedichten rasch große Anerkennung fand und viele Preise bekam, darunter den Publitzerpreis.

Aufgegriffen und nach Amerika »vermietet«

Es war der – wie Goethe ihn nannte – »berühmte Wanderer« und Schriftsteller Johann Gottfried Seume (1763–1810), der durch seine Wanderungen, besonders den »Spaziergang nach Syrakus«, noch heute weithin bekannt ist. Diesen »Spaziergang«, dessen dreibändige Darstellung 1803 erschien, machte Seume einige Jahre nach seiner erzwungenen Soldatenzeit. Zunächst war er nach Leipzig zurückgekehrt. Dann wurde er Korrektor bei Göschen in Grimma, wo er mit Klopstocks Oden zu tun hatte, die bei Göschen erschienen. Diese Schreibtischarbeit habe ihn so krank gemacht, schrieb er später, daß er sich erst mal wieder Bewegung machen mußte. So kam es zu jener Wanderung bis nach Sizilien.
Eine Zeitlang war Seume Offizier in russischen Diensten, und zwar in Warschau, wo er den polnischen Aufstand miterlebte und beschrieb. Von ihm stammt die erste Biographie Katharinas II.

Um Freudenmädchen noch freudiger zu machen

Es war der Marquis de Sade (1740–1814), Diplomatensohn, Offizier, schließlich Romanschriftsteller, der insgesamt 27 Jahre lang inhaftiert war – wegen »Giftmords«, Ausschweifungen, politischer Delikte. Nach seiner Flucht aus Frankreich (wegen des Todesurteils) wurde er am 12. September 1772 in effigie auf einem öffentlichen Platz in Marseille hingerichtet und verbrannt. Ein zweites Mal wurde er während der jakobinischen Terrorherrschaft zum Tode verurteilt. Daß er auch da der Vollstreckung entging, lag lediglich an der verwaltungstechnischen Unordnung. In seinen grausam-perversen, »sadistischen« Erzählungen und Romanen, die er größtenteils in den Jahren seiner Haft schrieb, vertritt de Sade das Recht des Menschen auf aboluten Egoismus.

»Ich habe oft das Gefühl, er steht neben mir und hilft mir«

Sie war's, die dänische Schriftstellerin Tania Blixen (Rungsted 17. 4. 1885 bis 1. 9. 1962 Kopenhagen).Sie schrieb Geschichten, Erzählungen und Biographisches, zum Beispiel über ihr Leben auf einer Farm, ihrem wohl erfolgreichsten Buch, »Afrika, dunkel lockende Welt« (1937). Zweimal wurde sie für den Nobelpreis nominiert.

Für Napoleon zu kokett und zu spießig

Es war Preußens Königin Luise (1776–1810), von deren »Koketterie« Napoleon sich nicht beeinflussen lassen wollte. Zweifellos war sie von Napoleon, der damals auf der Höhe seiner Macht stand, einigermaßen beeindruckt. Doch spielte bei ihrem Verhalten auch die politische Lage eine Rolle; sie wollte Napoleon für sich und ihren Mann, Friedrich Wilhelm III., und das hieß für Preußen günstig stimmen. Die Begegnung erfolgte im Sommer 1807 in Tilsit, nachdem Preußen von Napoleons Truppen besetzt worden war. Ursprünglich wollte Napoleon Preußen als Staat auslöschen, begnügte sich dann jedoch, es fast um die Hälfte seines Besitzes zu reduzieren. Das war nun nicht etwa ein Verdienst der jungen Königin, sondern war dem russischen Zaren Alexander zu danken. Der Königin hatte Napoleon nicht einmal Magdeburg gelassen, um das sie ihn ausdrücklich gebeten hatte. Nach dem Vertrag von Tilsit bestand Preußen noch aus Brandenburg, Schlesien, Pommern, Ost- und Westpreußen; verzichten mußte es u. a. auf Hannover und auf die durch die polnischen Teilungen erworbenen und nur von Polen bewohnten Gebiete mit Warschau.

Als ob er noch am Leben wäre

Jenen seltsamen Versuch, die Zeit gleichsam zum Stillstand zu bringen – eigentlich ein Grundzug des Biedermeiers –, machte Königin Viktoria von England (1819–1901). Als junges Mädchen von 18 Jahren war sie 1837 Königin geworden. Sie heiratete ihren Vetter Prinz Albert von Sachsen-Coburg-Gotha, mit dem sie 20 Jahre lang in sehr glücklicher Ehe lebte. Als Albert 1861 starb, zog sie sich aus dem öffentlichen Leben fast ganz zurück.
Unter ihrer Anordnung, auf ihren Schlössern nichts zu verändern, hatte noch ihr Urenkel Eduard VIII., der spätere Herzog von Windsor, zu leiden. Als er als König auf Schloß Sandringham ein modernes Badezimmer einbauen lassen wollte, machte man ihm Schwierigkeiten. Und als er gar anordnete, auf Sandringham die Uhren, die seit Viktorias Tod nicht mehr gestellt worden waren und sämtlich falsch gingen, richtig zu stellen, da war man in konservativen Kreisen geradezu entsetzt.
Das große Denkmal für Prinzgemahl Albert ließ Viktoria in Kensington Gardens aufstellen. Der Katalog, den Albert in der Hand hält, bezieht sich auf die Internationale Ausstellung von 1851, an der Albert wesentlich beteiligt gewesen war. Das Bauwerk, das noch heute seinen Namen trägt, ist die Albert Hall in London.

Schüchtern und verschlossen, aber hochbegabt

Es war die französische Physikerin Irène Joliot-Curie (Paris 12. 9. 1897 bis 17. 3. 1956 ebd.), Tochter von Marie und Pierre

Curie, verheiratet mit dem Physiker J. F. Joliot, mit dem zusammen sie 1935 den Nobelpreis für Physik erhielt. Ihre Eltern waren 1904 zusammen mit Henri Becquerel mit dem Physik-Nobelpreis geehrt worden, und 1911 hatten sie den Nobelpreis für Chemie bekommen.

Seit jener großen Katastrophe suchte sie immer nach einem Vater

Sie war's: Die Frau, die lebenslang auf der Suche nach einem Vater war, nachdem der ihre mit der »Titanic« untergegangen war und die Leiche nie gefunden wurde, war Peggy (Marguerite) Guggenheim (New York 26. 8. 1898 bis 23. 12. 1979 in Venedig). Sie legte ihr Geld in Kunst an und schuf eine der bedeutendsten Privatsammlungen moderner Plastiken und Malerei. 1941/42, als sie in zweiter Ehe mit Max Ernst verheiratet war, eröffnete sie in New York die Galerie »Art of this Century«, 1947 zog sie mit ihrer Sammlung nach Venedig in den Palazzo Venier dei Leoni, 1962 wurde sie Ehrenbürgerin von Venedig.

Hitler schenkte einen Toten

Der Tote, den Hitler den Franzosen »schenkte«, war Napoleons einziger ehelicher Sohn, Napoleon Franz Joseph Karl (aus der Ehe mit der österreichischen Kaisertochter Marie Louise). Nach Napoleons Abdankung war er in Wien erzogen worden. Er starb im Alter von 21 Jahren als »Herzog von Reichstadt«, nachdem er vorher »König von Rom«, »Prinz von Parma«, »Napoleon II.« und »Prinz Franz Karl« genannt worden war. Er wurde in der Kaisergruft zu Wien beigesetzt. Gestorben ist er an Lungentuberkulose, auf Schloß Schönbrunn in Wien. Ein Aufenthalt im Süden, etwa in Neapel, hätte den Verlauf der Krank-

heit möglicherweise ändern können. Doch verhinderte der österreichische Staatsminister Fürst Metternich, der führende Kopf der Restauration, daß Napoleons Sohn nach Italien ging; er fürchtete, er könne dort zum König ausgerufen werden. Erst als es zu spät war, gab Metternich die Erlaubnis.
Als dreißig Jahre später Napoleon III. (ein Neffe Napoleons I.) darum bat, den Toten nach Paris zu überführen (wohin 1840 auch Napoleon I. überführt worden war), winkte Wien ab. Erst Hitler gab den Toten heraus. Seitdem ruht der Herzog von Reichstadt (1811–1832) neben seinem Vater im Invalidendom in Paris.

»Ich hatte immer das Gefühl, ich sei ein Nichts ...«

Es war die Filmschauspielerin Marilyn Monroe, eigentlich Norma Jean Mortenson (Los Angeles 1. 6. 1926 bis 5. 8. 1962, starb unter bis heute umstrittenen Umständen), in den 50er Jahren das amerikanische Sexidol. 1956–61 mit Arthur Miller verheiratet. Von ihren Filmen wurden besonders bekannt: »Blondinen bevorzugt«, »Wie angelt man sich einen Millionär«, »Rhythmus im Blut«, »Manche mögen's heiß«, »Machen wir's in Liebe«, »Nicht gesellschaftsfähig«.

Besessen von unbezähmbarer Eßlust

Der Mann mit der unbezähmbaren Eßlust, die bei ihm zu einem schweren Gichtleiden führte, war der Kaiser Karl V. (1500–1558). Als Sohn Philipps des Schönen und der spanischen Erbin Johanna der Wahnsinnigen trat er 1516 in Spanien (als Karl I.), Neapel-Sizilien und den burgundischen Niederlanden die Regierung an. Drei Jahre später folgte er seinem Großvater Maximilian I. auch als Herr der österreichischen Erblande und als deutscher Herrscher. 1530 wurde er zum Kaiser gekrönt. Deutsch sprach er nur gebrochen; er fühlte sich zunehmend als Spanier. Doch hielt er an der alten abendländisch-kaiserlichen Idee fest, neben dem Papst die Christenheit zu führen und den katholischen Glauben gegen innere und äußere Gegner zu verteidigen. Auf seinem ersten Reichstag, 1521 in Worms, ließ er Luther in die Reichsacht erklären. 1556 dankte er ab und zog sich in das Kloster Yuste zurück. Seine Verwandten, die von ähnlich großer Eßsucht geplagt wurden, waren Kaiser Friedrich III., sein Urgroßvater, und sein Neffe, Kaiser Maximilian II.

Immer wieder hat er sich verrechnet

Es war der französische Dichter Honoré de Balzac (1799 bis 1850), der mit seinen finanziellen Unternehmungen soviel Pech hatte. Im März 1850 heiratete er Eva von Hanska. Sie war die Witwe eines ukrainischen Gutsbesitzers. Sie hatte einmal, als ihr sehr viel älterer Mann noch lebte, an Balzac geschrieben. Daraus entwickelte sich sehr rasch ein Briefwechsel. Schon in seinem dritten Brief schrieb der auch in seinen Gefühlen zum Überschwang neigende Balzac der »Unbekannten«, von der er zu jener Zeit weder Namen noch Aussehen kannte: »Ich liebe Sie, Unbekannte! Und dieser wunderliche Zustand ist nur die natürliche Folge eines Lebens, das immer öde und unglücklich war... Wenn dieses Abenteuer jemandem zustoßen mußte, dann war ich es.«

Balzac war damals 33 Jahre alt. Ein Jahr darauf lernte er Frau von Hanska persönlich kennen. Aber es vergingen noch weitere siebzehn Jahre bis zur Hochzeit. Sie fand in der Ukraine statt. Wenige Wochen nach der Rückkehr nach Paris ist der Schöpfer der »Comédie humaine« an einer Herzkrankheit gestorben.

Mit Mut und Zuversicht hat sie den Thron gerettet

Sie war's: Die byzantinische Kaiserin Theodora (Konstantinopel um 497 bis 28. 6. 548 ebd.), Frau und Mitregentin von Kaiser Iustinian I. des Großen, 482 bis 565, der sich in Doppelherrschaft mit Theodora die Parteien der Hauptstadt unterwarf und das von germanischen Stämmen eroberte Westreich und Nordafrika zurückgewann und dem Rechtsleben durch das Corpus Iuris Civilis eine Basis gab.

Der Denker und die Wanzen

Die feste Überzeugung, an dem Auftreten von Wanzen und an deren Vermehrung sei allein das Sonnenlicht schuld, vertrat der Königsberger Philosoph Immanuel Kant (1724–1804), dessen Philosophie den Abschluß und die Überwindung des Aufklärungszeitalters bedeutet und für die meisten neueren philosophischen Richtungen des Abendlandes den Ausgangspunkt bildet. Die Geschichte mit den Wanzen berichtet Kants Schüler Wasianski, der 1772 an die Universität Königsberg kam (wo Kant seit 1770 Professor war) und später Diakon an der Tragheimer Kirche zu Königsberg wurde. Er wohnte nur einige Häuser von Kant entfernt und kümmerte sich seit 1794 um Kants Hauswesen und Vermögen, weil Kant selber im Alter außerordentlich vergeßlich wurde. Gegen Ende seines Lebens hat er selbst seine engsten Freunde nicht mehr erkennen können. Kant, der Junggeselle geblieben war, ist 80 Jahre alt geworden, ohne jemals krank gewesen zu sein. Öfter hat er gesagt, und zwar, als er schon sehr alt war, es sei immer etwas impertinent, so lange zu leben wie er, weil dadurch jüngere Leute nur erst spät zu Brote kämen.

Ein schreckliches Geheimnis voll Scham und Schande

Sie war's: Die aus Österreich stammende Schriftstellerin Vicki Baum (Wien 24. 1. 1888 bis 29. 8. 1960 in Los Angeles-Hollywood), in zweiter Ehe mit Generalmusikdirektor R. Lert verheiratet. Sie arbeitete seit 1926 im Ullstein Verlag als Redakteurin und Serien-Schreiberin. Ihren größten Erfolg hatte sie mit ihrem Roman »Menschen im Hotel«, der zunächst in der »Berliner Illustrirten« erschien und 1929 als Buch herauskam, ins Amerikanische übersetzt wurde und dort mit Greta Garbo verfilmt wurde.

Kein Kämpfer für die Freiheit

Zu Unrecht zum »Freiheitshelden« idealisiert (vor allem durch Schiller) wurde Don Carlos (1545–1568), Sohn Philip II. von Spanien. Anzeichen von Geistesschwäche traten bei dem Infanten in zunehmendem Maße nach jener Kopfverletzung auf. Sie äußerten sich nicht nur in Unbeherrschtheit, Eigensinn, Willensschwäche, sondern auch in Gewaltakten gegen seine Umgebung, gegen Verwandte und hohe Würdenträger des Staates und der Kirche. Philipp II. hat lange gezögert, bis er sich endlich entschloß, seinen Sohn von der Umwelt zu isolieren. Daß Carlos gegen ihn sogar Mordabsichten hegte, hat Philipp nicht wahrhaben wollen; jedenfalls hat er das in der Öffentlichkeit immer abgestritten.
Der Verwandte, dem der Infant seinen Fluchtplan anvertraute, war Don Juan d'Austria, ein unehelicher Sohn Karls V. und (wahrscheinlich) Barbara Blombergs, einer reichen Regensburger Kaufmannstochter, der seine Jugend in Unkenntnis seiner Herkunft bei einfachen Leuten in der Nähe Madrids verbracht hatte, dann aber von Philipp II. öffentlich als Halbbruder anerkannt und in den Ritterstand erhoben worden war. Als 19jähri-

ger befehligte er Spaniens Mittelmeerflotte, und 1571 errang er bei Lepanto den Sieg über die türkische Flotte. Neben diesem überdurchschnittlich begabten und überaus sympathischen jungen Mann wirkte Don Carlos vollends als zurückgeblieben und zugleich als charakterlich unsympathisch. Auch sein Großvater, Karl V., mochte ihn nicht.

Daß Don Carlos für die Freiheit gestorben sei, nachdem er vergeblich versucht habe, sich gegen das strenge System seines Vaters zu erheben, diese Version entstand unter den protestantischen Niederländern, die eben zu jener Zeit bemüht gewesen waren, die spanische Herrschaft abzuschütteln. Sechs Wochen bevor Don Carlos starb, wurden in Brüssel die niederländischen Grafen Egmont und Hoorn von den Spaniern hingerichtet.

Beim Duell aß er Kirschen

Kirschkerne statt Pistolenkugeln »schoß« in einem Duell der russische Dichter Alexander Sergejewitsch Puschkin (1799 bis 1837). Dieses Duell hat der Dichter – etwas abgewandelt – für seine Erzählung »Der Schuß« verwandt.

Väterlicherseits stammte Puschkin aus alter Adelsfamilie, mütterlicherseits war er ein Abkömmling des Mohren Peters des Großen. Literaturgeschichtlich gilt Puschkin als Bahnbrecher der russischen Wirklichkeitsschilderung und als eigentlicher Schöpfer des russischen Verses (Versroman »Eugen Onegin«). In seiner Kunst suchte er das Gute und Wahre; er setzte das Leitbild des »guten Menschen«, das nach ihm bei fast allen russischen Dichtern wiederkehrt und zu einem Hauptmotiv in der russischen Literatur wurde. Es trug entscheidend zu der weitverbreiteten Vorstellung vom guten beziehungsweise gutmütigen Russen bei.

Klug, oft zögerlich, aber niemals ängstlich

Sie war's: Elisabeth I., Königin von England (Greenwich 7.9.1533 bis 24.3.1603 Richmond), Tochter Heinrichs VIII. und Anna Boleyns, letzte Herrscherin aus dem Hause Tudor, kam nach dem Tod ihrer katholischen Halbschwester Maria die Blutige auf den englischen Thron. Ihre Nebenbuhlerin Maria Stuart ließ sie unter dem Vorwurf, an Verschwörungen gegen sie beteiligt gewesen zu sein, hinrichten.

Durch einen Fehler des Ministers

Der Mann, der auf so originelle Weise zu einem Vermögen kam, war François Marie Arouet, genannt Voltaire (1694–1778), der Führer der europäischen Aufklärung. In der Nähe von Genf erwarb er das Schloß Ferney, auf das er sich zurückzog, als man den scharfen Kritiker – er galt als geistiger Vorbereiter der Französischen Revolution – in Frankreich nicht mehr duldete und als auch Friedrich der Große, der ihn nach Potsdam geholt hatte, den geschäftstüchtigen Philosophen nicht mehr bei sich haben wollte. Was den Preußenkönig gegen Voltaire aufgebracht hatte, war vor allem dies: Während der Philosoph auf Schloß Sanssouci als Gast des Königs wohnte und dazu ein hohes Gehalt bezog und sich mit Friedrich um die Erstattung des Reisegelds von Paris nach Potsdam stritt, lieh er ausgerechnet Friedrichs Gegner, dem Herzog von Württemberg, große Geldsummen – natürlich gegen entsprechende Zinsen. Später haben Friedrich und Voltaire sich wieder ausgesöhnt; bis zu Voltaires Tod standen sie in Briefwechsel.

Beigesetzt in Alkohol

Ihren Leichnam in Alkohol konservieren zu lassen, war die Idee Madame Neckers (1737–1794), der Frau des französischen Finanzministers Jacques Necker. Neckers Entlassung im Juli 1789 durch Ludwig XVI. war der äußere Anlaß dafür, daß die Pariser Bürger sich bewaffneten und die Bastille einnahmen. Neckers Tochter, deren Sarg später neben das elterliche Alkoholbecken gestellt wurde, war Germaine de Staël, Verfasserin des dreibändigen Buches »De l'Allemagne«, in dem Deutschland als Land der Dichter und Denker verherrlicht wird. Das Mausoleum wurde auf dem Schweizer Besitz Neckers, Schloß Coppet am Genfer See (mit dessen Kauf Necker auch seinen Barontitel erworben hatte), gebaut.

»Und nachdem niemand sich meiner erbarmen will ...«

Sie war's: Die Frau, die nach dem Tod ihres Mannes mit ihren vier Kindern in finanzielle Not geriet, war Katharina von Bora, Luthers Frau, eine ehemalige Nonne (Lippendorf, Sachsen 29. 1. 1499 bis 20. 12. 1552 Torgau). Der König, den sie um Hilfe bat, war Christian III. von Dänemark, der mit Luther, Melanchthon und Bugenhagen im Briefwechsel stand und sie für ihre Bibelübersetzung finanziell unterstützte.

Weil sie mit ihrer Trauer allein sein wollte

Sie war's: Mèlanie Hahnemann, geb. d'Hervillys (2. 2. 1800 bis 27. 5. 1878), die – als Mann gekleidet – 1834 von Paris nach Köthen/Anhalt reiste, um sich da von dem 79jährigen Arzt Samuel Hahnemann nach seiner homöopathischen Therapie behandeln zu lassen und die dann seine Frau wurde. 1835 zogen sie nach Paris, wo er mit seiner Praxis international bekannt wurde. Sie wurde seine Mitarbeiterin und führte die Praxis nach seinem Tod weiter, wurde aber von Schulmedizinern stark angefeindet und sogar vor Gericht gebracht.

Die Geburt des Kindes vertuschten sie

Der Mann, dem es in Leben und Werk immer um die Wahrung der Ordnung ging, weil ihm Unordnung als Einbruch des Dämonischen erschien, als beginnendes Chaos, war Adalbert Stifter (1805–1868), der Dichter der »Studien«, der »Bunten Steine«, des »Nachsommer« und des »Witiko«. Seine Welt des reinen Seins ist getragen von Werten wie Freundlichkeit, Zärtlichkeit, Dankbarkeit; was Stifter durch diese Werte verwirklicht wissen wollte, war das »Reich der Freude«. Für ihn hat jeder Mensch die Aufgabe, das Reich der Freude zu realisieren – und mehr noch: Er hat auch die Möglichkeit dazu. Tragik gibt es in Stifters Werk nicht; sie wird ausgeklammert. Der Mensch kann lediglich schuldig werden und versagen, und immer wieder hat Stifter gezeigt, wie leicht der Mensch schuldig werden kann, indem er das »sanfte Gesetz« nicht befolgt oder die »innere Stimme« überhört.

Stifters »Reich der Freude« ist gewissermaßen der wiederhergestellte »Ordo christianus« des Mittelalters, in dem der Mensch seinen sicheren Platz hatte. Aber die Stiftersche Ordnung ist nicht mehr naiv; ihr Untergrund ist bereits die Angst, die dann in der Dichtung der folgenden Jahrzehnte und auch in der Philosophie (bis heute hin) immer mehr in den Vordergrund drängte. Die ständige Angst vor dem Untergang der mühsam wiederhergestellten Ordnung veranlaßte Stifter, in seinem persönlichen Leben alle Anzeichen von Unordnung zu korrigieren, was manchmal bedeutete, daß er sie vertuschte. Das mag auch schon im Fall der vorehelichen Tochter eine Rolle gespielt haben.

Als Mutter wurde nicht Stifters Verlobte Amalia Mohaupt angegeben, sondern deren jüngere Schwester Josepha; Stifters Name wurde ganz verschwiegen. Das Kind, das auf den Namen Emilie getauft wurde, starb schon nach einem Monat. Bei seinem Tode wurde als Name der Mutter Anna Mohaupt angegeben.

Fluchtartig verließ er sein Heer

Es war der junge Friedrich II. von Preußen (1712–1786), der in seiner ersten Schlacht – am 10. April 1741 bei Mollwitz in Schlesien – auf den Rat seines Feldmarschalls Schwerin sein Heer verließ, um sich in Sicherheit zu bringen. Schwerin wendete die bereits verloren geglaubte Schlacht dann aber doch noch zum Sieg.

Mit einem mühsam konstruierten »Rechtsanspruch« war Friedrich ohne Kriegserklärung in die österreichische Provinz Schlesien eingefallen. Zuvor, am 20. Oktober 1740, war Kaiser Karl VI. überraschend gestorben und hatte die 23jährige Maria Theresia als Erbin zurückgelassen. Friedrich machte sich die augenblickliche Schwäche und Verwirrung der Österreicher zunutze. Seinem Minister Podewils schrieb er:

»Ich gebe Ihnen ein Problem zu lösen. Wenn man im Vorteil ist, soll man sich das zunutze machen oder nicht? Ich bin mit meinen Truppen und allem bereit. Mache ich mir das nicht zunutze, so habe ich in meinen Händen ein Gut, das ich nicht zu gebrauchen weiß. Mache ich es mir aber zunutze, so wird man sagen, daß ich die Fähigkeit besitze, mich der Überlegenheit, die ich über meine Nachbarn habe, zu bedienen.«

Alles in allem hatte Friedrich sich das Unternehmen leichter gedacht, als es dann verlief. Weil Maria Theresia auf ihr Recht nicht einfach verzichten wollte, mußten noch viele Schlachten geschlagen werden, bis Schlesien endgültig an Preußen kam. In keiner aber hat Friedrich je wieder die Nerven verloren.

Immer kam der Tod ganz unerwartet

Es war Wolfgang Amadeus Mozart (1756–1791), der – am 6. Dezember 1791, einen Tag nach seinem Tod – auf dem Friedhof von St. Marx vor den Toren Wiens in einem Armengrab (nicht, wie so oft behauptet, in einem Massengrab) beigesetzt wurde. Die Frage, wo sein Grab genau liegt, wurde bereits 1799 von Wieland im »Teutschen Merkur« aufgeworfen, blieb aber bis heute ohne sichere Antwort. Ebensowenig ist geklärt, an welcher Krankheit Mozart eigentlich gestorben ist. Schon bald wurde von Vergiftung gemunkelt. Für einen gewaltsamen Tod gibt es jedoch keinerlei Anhaltspunkte. Der Auftrag, ein Requiem zu schreiben, den Mozart wenige Monate vor seinem Tode erhielt und dann nicht mehr vollenden konnte, ist später zu Unrecht mystifiziert und mit der Möglichkeit eines gewaltsamen Todes in Verbindung gebracht worden.

»Entsetzt sah ich zu, wie sie drei Liebhaber auf einmal nahm«

Sie war's: Die Chansonsängerin Edith Piaf (Paris 19. 12. 1915 bis 11. 10. 1963 ebd.), der »Spatz von Paris«. Mit ihrer kraftvollen Stimme sang sie sich an die Spitze der französischen Chanson-Interpreten; »La vie en rose«, »Milord«, »Je ne regrette rien«, »Jerusalem«.

Ins Tagebuch schrieb er nur: »Nichts«

Die einigermaßen nichtssagenden Tagebucheintragungen stammen von Ludwig XVI. von Frankreich (1754–1793). Auch in ihnen bestätigt sich der Kardinalfehler, den der König machte, als es zur Revolution kam. Nachdem er die Nationalversammlung anerkannt hatte, wäre der Weg zu einer konstitutionellen Monarchie frei gewesen. Aber statt mitzuarbeiten, zog Ludwig sich von da an völlig zurück; er ging zur Jagd und spielte den Unbeteiligten. Erst dadurch verspielte er die Chance, die das französische Königtum trotz der Revolution noch hatte. Er wurde abgesetzt und am 21. Januar 1793 – dreieinhalb Jahre nach Ausbruch der Revolution – guillotiniert.

Für eine kleine Unsterblichkeit...

Es war Johann Peter Eckermann (1792–1854) aus Winsen an der Luhe, der mit seinem »großen Durst nach Leben« zu einer kleinen Unsterblichkeit kam. In seiner Arbeit »Beiträge zur Poesie mit besonderer Hinweisung auf Goethe« stellte er Goethe gegenüber den Romantiker als Vorbild hin. Er schickte die Arbeit an Goethe, der für ihren Druck sorgte, und fuhr dann nach Weimar. Goethe behielt ihn dort, als seinen Helfer und Nachlaßverwalter. Berühmt wurde Eckermann durch die Aufzeichnung seiner »Gespräche mit Goethe in den letzten Jahren seines Lebens, 1823–1832« – aber nicht etwa reich. Denn ein Bestseller wurde dieses dreiteilige Werk erst lange nach Eckermanns Tod.

Nur sein Gehirn interessierte sie noch

Der Mann, dessen Gehirn viele Jahre lang ein Forschungsobjekt für die Wissenschaft darstellte, war Wladimir Iljitsch Uljanow, genannt Lenin (1870–1924), der Gründer der Sowjetunion. Als Sohn eines adligen Schulinspektors hatte er Jura studiert und war Rechtsanwalt geworden. Im Jahre 1895 hatte er in Petersburg den »Kampfbund zur Befreiung der Arbeiterklasse« gegründet, aus dem die Sozialdemokratische Partei Rußlands hervorging. Bald darauf wurde er nach Sibirien verbannt. Danach ging er in die Emigration, nach London, München, Genf. 1903 nahm er am II. Parteikongreß der russischen Sozialdemokraten (in Brüssel und dann in London) teil, auf dem sich die Partei in die gemäßigten Menschewiken und die radikalen Bolschewiken unter Lenins Führung spaltete. Nach Rußland kehrte Lenin – abgesehen von seiner Teilnahme an der Revolution von 1905/06 – erst nach der Februarrevolution von 1917 zurück, und zwar mit Unterstützung der deutschen Reichsregierung und Obersten Heeresleitung. Nach dem mißglückten Juliaufstand der Bolschewisten mußte er für kurze Zeit noch einmal ins Ausland, bis die Bolschewisten am 25./26. Oktober (7./8. November) 1917 unter der Leitung von Trotzki in Rußland die Macht übernahmen. Von da an bis zu seinem Tode leitete Lenin als Vorsitzender des Rates der Volkskommissare die Regierung und die – seit 1918 so genannte – Kommunistische Partei Rußlands. In seinen letzten Jahren, in denen er bereits krank war, beunruhigte ihn immer stärker das Problem der Nachfolge. Der Mann, den er schon 1922 in die politische Schlüsselstellung einsetzte (als Generalsekretär des Zentralkomitees der Partei) und der ihm dann als Nachfolger immer weniger geeignet schien, ihn aber bereits mehr und mehr zurückdrängte und schließlich ganz isolierte, war der um neun Jahre jüngere Stalin (1879–1953). Nach Lenins Tod errichtete Stalin seine Diktatur, indem er seinen wichtigsten Gegner um Lenins Nachfolger, Lenins Mitarbeiter Trotzki, verdrängte und schließlich aus der UdSSR ausweisen ließ.

»Daß eine treue Freundin Sie in allem versteht und alles mitempfindet«

Sie war's: Cosima Wagner (Como 25. 12. 1837 bis 1. 4. 1930 in Bayreuth), Tochter von Franz Liszt und der Gräfin Marie D'Agoult; ihre 1857 mit Hans v. Bülow geschlossene Ehe wurde 1869 geschieden. 1870 heiratete sie Richard Wagner, der seit

1864 unter dem Schutz des jungen Bayernkönigs Ludwig II. frei von Not seine Werke schaffen konnte. Nach Wagners Tod führte Cosima die Bayreuther Festspiele weiter.

Männern brachte sie kein Glück

Die Frau, die den Männern kein Glück brachte, war Maria Stuart (1542–1587), Tochter Jakobs V., König von Schottland, und der Marie Guise aus Frankreich. Da Jakob V. unmittelbar nach ihrer Geburt starb, war Maria Stuart schon seit 1542 Königin von Schottland, wo ihre Mutter für sie die Regentschaft führte, während sie selber an den französischen Hof kam, dort erzogen wurde und den (späteren) französischen König Franz II. heiratete, der aber schon bald starb. Marie kehrte nach Schottland zurück. 1564 heiratete sie Lord Darnley, der drei Jahre darauf durch den ihr befreundeten Lord Bothwell ermordet wurde. Als sie dann Bothwell heiratete, wurde sie gestürzt. Bothwell floh nach Dänemark, sie bat in England um Asyl und Hilfe. Die protestantische Elisabeth von England aber hielt sie praktisch gefangen, weil die katholische Maria Stuart, Enkelin von Heinrichs VII. Tochter Margarete Tudor, sich als rechtmäßige Erbin des englischen Throns bezeichnete (und von den englischen Katholiken darin unterstützt wurde). Als Marias Geheimkorrespondenz entdeckt wurde, die ihre Beteiligung an einer Verschwörung gegen Elisabeth zu beweisen schien, wurde ihr der Prozeß gemacht. Sie wurde zum Tode verurteilt und am 8. Februar 1587 enthauptet.

»Krankheit ist in meinem Alter ein gefährlicher Leichtsinn«

Sie war's: Die englische Schriftstellerin Jane Austen (Steventon/ Hampshire 16. 12. 1775 bis 18. 7. 1817 Winshester), die in ihren Romanen mit feiner Ironie das gesellschaftliche Leben in ihrer Umgebung beschrieb. Als Hauptwerke gelten die Romane »Stolz und Vorurteil«, »Mansfieldpark«, »Emma«.

Der Trick mit dem Falschgeld

Der Mann, der wegen wiederholten Diebstahls, Betrugs, Fälschung – was ihm insgesamt nur 106 Taler und etwas Kleingeld einbrachte – zu vier Jahren Zuchthaus verurteilt wurde und nach deren Verbüßung ein durchaus geordnetes Leben führte, war Karl May (1842–1912). Bis heute, mit einer Auflage seiner Bücher von mehr als 25 Millionen allein in Deutschland und mit Übersetzungen in mehr als 20 Sprachen, gilt er als der erfolgreichste deutschsprachige Schriftsteller.
Als Karl May auf der Höhe seines Erfolges war, kam es gegen ihn zu einer heftigen Kampagne. Entzündet hatte sie sich an der Frage, ob May wirklich, wie er behauptete, in den von ihm beschriebenen Ländern gewesen war und ob seine Gestalten – das behauptete er auch – tatsächlich existierten oder von ihm nur erfunden seien. In diesem Zusammenhang deckte einer seiner Gegner Mays Vorstrafen auf. Vorübergehend hat Karl May dadurch an Ansehen stark eingebüßt. Damals erfuhr die Öffentlichkeit auch, daß Karl May, und zwar als er auf der Höhe seines Erfolgs und seines Ruhms stand, jahrelang zu Unrecht einen Doktortitel führte, den er angeblich von einer amerikanischen Universität verliehen bekommen hatte.

Ende einer Karriere: Geköpft und gevierteilt

Der Mann, der geköpft und gevierteilt wurde, und zwar in Kopenhagen, war Graf Johann Friedrich von Struensee (1737 bis 1772). Der aus Halle (Saale) stammende Mediziner war

1769 Leibarzt des geisteskranken Dänenkönigs Christian VII. geworden und hatte bei Hof rasch Einfluß gewonnen. Nach nur einem Jahr wurde er leitender Minister und begann mit seinen umfassenden Reformen im Geiste des aufgeklärten Absolutismus. Unter anderen Neuerungen führte er auch die Pressefreiheit ein, die er jedoch wieder abschaffte, als die Presse ihn kritisierte. Mit seinen allzu überstürzten Reformen scheiterte der Pfarrerssohn – er wurde erst 1771 geadelt – am Widerstand des dänischen Adels. Sein Liebesverhältnis zur Königin Caroline Mathilde gab seinen Gegnern die Möglichkeit zu seiner Vernichtung. Einige Jahre nach seinem Sturz wurde gesetzlich festgelegt, daß in Dänemark (zu dem damals auch Norwegen, Island, die Faröer-Inseln und Schleswig und Holstein gehörten) keine Ausländer mehr zu Staatsstellen zugelassen sein sollten.

Und mit 31 Jahren wollte sie sich umbringen

Es war die Schriftstellerin Marieluise Fleißer (Ingolstadt 23. 11. 1901 bis 2. 2. 1974 ebd.), die ihre ersten Theaterstücke dem jungen Brecht anvertraute, der den Namen ihrer Geburtsstadt in die Titel nahm und das zweite Stück stark bearbeitete und damit bewußt einen Skandal provozierte: »Fegefeuer in Ingolstadt« (1926) und »Pioniere in Ingolstadt« (1929).

Erfolge hatte er von Anfang an

Es war Georg Friedrich Händel (1685–1759), auf dessen Leben das Schema vom verkannten Genie so wenig paßt. Seine Laufbahn als Musiker begann er an der Hamburger Oper. Die Stelle eines Organisten an der Lübecker Marienkirche, für die der alte Dietrich Buxtehude einen Nachfolger suchte, schlug er aus, weil er Buxtehudes Tochter nicht heiraten wollte. (Zwei Jahre später lehnte aus demselben Grund auch Johann Sebastian Bach ab.) Nach seiner italienischen Zeit wurde Händel Hofkapellmeister in Hannover; und als der Kurfürst von Hannover als Georg I. den englischen Thron bestieg, ging Händel nach London. Viele Jahre hatte er dort mit seinen Opern – vierzig schuf er insgesamt – große Erfolge. Nach der Aufführung der »Beggar's Opera« von John Gay aber, die bis in unsere Zeit nachgewirkt hat (Brecht-Weill), wandte das Publikum sich von ihm ab, und die von ihm geleitete Royal Academy, das königliche Opernhaus, wurde aufgelöst. Nachdem Händel es dann noch mit einem zweiten und dritten Opernunternehmen versucht hatte, die aber auch bald eingingen, fand er eine andere musikalische Form: das Oratorium.

Sein General starb als Ballettänzerin

Es war Kaiser Wilhelm II. (1859–1941), der durch den Tanz eines Generals aufgeheitert werden sollte. Im November 1908 war er Gast einer Jagdveranstaltung des Fürsten von Fürstenberg in Donaueschingen. Dort erlitt sein Jugendfreund, der General Hülsen-Haeseler, Chef des preußischen Militärkabinetts, einen Herzschlag, nachdem er im Kostüm einer Ballettänzerin aufgetreten war.

Daß der Kaiser in jenen Tagen so heftig angegriffen wurde, hing mit einem Interview zusammen, das er dem »Daily Telegraph« gegeben hatte. Darin hatte er höchst ungeschickte Äußerungen gemacht. Zum Beispiel: Die deutsche Flotte (deren Ausbau man in England mit Mißtrauen sah) sei nicht gegen England, sondern gegen Japan gerichtet. Oder: Er, der Kaiser, habe eine Art Kriegsplan zur Unterwerfung der Buren ausgearbeitet gehabt. Und weiter: Während des Burenkrieges habe er den ihm von Rußland und Frankreich unterbreiteten Vorschlag, zugunsten der Buren zu intervenieren, sofort seinen Verwandten in London mitgeteilt.

Um den Engländern zu gefallen, hatte er also in diesem Interview viele andere vor den Kopf gestoßen: die Japaner, die Buren, die Russen, die Franzosen. Wegen dieser Ungeschicklichkeit wurde der Kaiser damals von der Presse äußerst scharf angegriffen. Der Journalist Maximilian Harden forderte in öffentlichen Vorträgen sogar seine Abdankung.

Etwa zwei Jahre zuvor hatte Harden in seiner Zeitschrift »Die Zukunft« eine Reihe hoher Offiziere und Beamter aus der unmittelbaren Umgebung des Kaisers sexueller Verfehlungen im Sinne des § 175 beschuldigt. Vor diesem Hintergrund hätten sich die Umstände beim Tod des Generals Hülsen-Haeseler zweideutig ausgenommen. Deswegen wurden sie vertuscht. Den Kaiser hat das alles so aufgeregt, daß er einen Nervenzusammenbruch bekam und vorübergehend tatsächlich an Abdankung dachte. Damals hat Kronprinz Wilhelm für kurze Zeit die Regierungsgeschäfte übernehmen müssen.

Nachts warfen sie ihm die Fenster ein

Der Professor, dem Studenten immer wieder die Fensterscheiben einwarfen, war der (damals 33jährige) Philosoph Johann Gottlieb Fichte (1762–1814). Er hatte die Aufhebung der gefürchteten Jenaer Studentenverbindungen angestrebt und war von einigen Ordensbrüdern derart belästigt worden, daß er um Urlaub bat. Das war im Jahre 1795.

Vier Jahre später ging Fichte nach Berlin, nachdem er in Jena nach einer Anklage wegen Gottlosigkeit, die zu dem sogenannten Atheismusstreit geführt hatte, entlassen worden war. In Berlin hielt er 1807/08 seine »Reden an die deutsche Nation«, mit denen er wesentlich zu den »Freiheitskriegen« und zu Preußens Erneuerung beitrug. 1810 wurde Fichte erster Rektor der Universität Berlin.

Daß Fichte mit den Studenten-Orden in Konflikt kam (die so

oft Krawall machten), ist kein Zufall, sondern liegt in seiner Philosophie begründet. Von Kant ausgehend, lehrte Fichte, daß die eigentliche Bestimmung des Menschen und die Grundform seines Bewußtseins sittliches Handeln sei.

Ich war ein fürchterliches Kind und machte meinen Eltern immerzu Probleme

Sie war's: Die Schriftstellerin Anna Seghers, eigentlich Netty Radványi, geb. Reiling (Mainz 19. 11. 1900 bis 1. 6. 1983 in Ost-Berlin), die 1928 für ihre Erzählungen »Der Aufstand der Fischer von St. Barbara« und »Grubetsch« den Kleistpreis erhielt. Ein Bestseller wurde ihr im Exil entstandener Roman »Das siebte Kreuz«, der zuerst in den USA erschien und dort auch verfilmt wurde. 1947 erhielt sie den Georg-Büchner-Preis. 1952 wurde sie Vorsitzende des Schriftstellerverbandes der DDR (Rücktritt 1978).

Seine Kinder gab er ins Findelhaus

Der Mann, der seine fünf Kinder nicht selber aufzog, sondern ins Findelhaus gab, war Jean-Jacques Rousseau (1712–1778), der »Kulturpessimist«, der lehrte, daß der durch allzuviel Wissenschaft und Kultur zwiespältig gewordene Mensch seine innere Einheit nur in einer Rückkehr zur Natur wiederfinden könne (»Abhandlung über die Wissenschaft und Künste«, 1750). Mit seiner Lehre von der Souveränität des Volkes (»Gesellschaftsvertrag«, 1762) gehört er zu den Vorbereitern der Französischen Revolution. In seinem Roman »Emile« (1762) entwickelt Rousseau die Grundsätze einer natürlichen Erziehung. Daß er seine Kinder ins Findelhaus gab – übrigens ohne zu wissen, was je aus ihnen wurde –, scheint er nie bereut zu haben; er schrieb: ». . . ich habe im Gegenteil oft den Himmel gesegnet, meine Kinder vor dem Schicksal ihres Vaters und vor dem Los bewahrt zu haben, das sie bedroht hätte, sobald ich sie zu verlassen gezwungen gewesen wäre.«

»Geld? Darauf verschwende ich keinen einzigen Gedanken«

Sie war's: Mutter Teresa, eigentlich Agnes Gonxha Bojaxhiu, indische Ordensschwester mazedonischer Herkunft (Skolpje 27. 8. 1910 bis 5. 9. 1997 in Kalkutta), der Engel der Armen, erhielt 1979 den Friedensnobelpreis für ihre Arbeit in den Slums von Kalkutta.

Mehr als das Leben eingesetzt

Der Nationalheld, den einige für den größten Grundstücksspekulanten seines Landes und seiner Zeit halten, war George Washington (1732–1799), der erste Präsident der Vereinigten Staaten. Im amerikanischen Unabhängigkeitskrieg war Washington Oberbefehlshaber der amerikanischen Truppen. Das war ein ziemlich undankbares Amt. Denn was die amerikanischen Kolonien da als »Armee« aufgestellt hatten, war vom Militärischen her nahezu unbrauchbar. Das hatte viele Gründe. Der Hauptgrund war, daß der Kongreß vor einer starken Armee und einem starken Oberbefehlshaber mehr Angst hatte als vor dem Feind. Man wollte kein stehendes Heer, und deswegen waren die Mannschaften immer nur auf wenige Monate verpflichtet. Die Folge war ein ständiger Wechsel. Zum Jahresende ließ man die meisten Soldaten einfach nach Hause gehen. So war es auch zu Silvester 1776. Da zahlte Washington, um weiterkämpfen zu können, jedem Soldaten, der bei ihm blieb, aus eigener Tasche 10 Dollar Handgeld. Auf diese Weise behielt er

den größten Teil seiner Armee zusammen, und am 3. Januar erfocht er bei Princeton einen Sieg über die Engländer.
Washington war achteinhalb Jahre lang Oberbefehlshaber. Nach dem siegreichen Abschluß des Freiheitskrieges wählten die Amerikaner ihn zum Vorsitzenden des Verfassungskonvents (1786) und drei Jahre darauf zu ihrem ersten Präsidenten. Er wurde noch einmal wiedergewählt, hat dann aber 1797 auf eine zweite Wiederwahl verzichtet und zog sich ins Privatleben auf sein Gut Mount Vernon (Virginia) zurück.

Mit Geld konnte er nicht umgehen

Der Mann, der ein Leben lang über Nationalökonomie arbeitete und im Privatleben nicht wirtschaften konnte, war Karl Marx (1818–1883). Finanziell unterstützt wurde er von seinem Freund Friedrich Engels, mit dem zusammen er 1847/48 das »Kommunistische Manifest« verfaßte. Seit 1849 lebte er in London, nachdem er aus Deutschland ausgewiesen worden war. Sein Hauptwerk ist »Das Kapital«, von dem nur der erste Band noch von ihm selbst herausgegeben wurde; Band 2 und 3 gab Engels nach langer und sehr mühseliger Bearbeitung der Manuskripte 1885 und 1894 heraus. Engels war von Haus aus wohlhabend; sein Vater war Spinnereibesitzer.

Nicht für einen Schwindsüchtigen

Es war Frédéric Chopin (1810–1849), der während eines Aufenthalts auf Mallorca im Winter 1838/39 an einer – wie neuere Forschungen bestätigten – durch Tuberkelbakterien hervorgerufenen Lungenentzündung erkrankte (an einer Herdpneumonie). Begonnen hatte die Tuberkulose bei ihm vermutlich zwischen 1835 und 1837. Die Reise nach Mallorca sollte seine zu jener Zeit bereits angegriffene Gesundheit festigen. Er reiste mit der Schriftstellerin George Sand (1804–1876) und deren zwei Kindern. Damals war Mallorca noch eine Insel der Einsamkeit, unberührt vom Reisestrom. Zur Finanzierung der Reise verkaufte Chopin ein noch unvollendetes Werk: die geplante Gruppe von 24 Préludes, von denen zwei oder drei noch gar nicht begonnen, mehrere nicht fertig waren. Chopin, Schöpfer eines neuen Klaviermusikstils, stammte aus Zelazowa-Wola bei Warschau; er war der Sohn eines eingewanderten Franzosen und einer Polin. Seine bedeutendsten Werke entstanden in jenen letzten Jahren, als er krank war.

Die Wurzel allen Übels abgenagt

Es war Karl der Große (742–814), der »Vater Europas«, der fünfmal verheiratet war und mindestens vier Nebenfrauen hatte. Daß sein Sohn und Nachfolger, Ludwig der Fromme, sich ausdrücklich bereit erklärte, für die »Sünden« des Vaters einzustehen und das dann auch tat, indem er sich der Kirche gegenüber allzu nachgiebig verhielt, führte zu einem Übergewicht des kirchlichen Einflusses im Reich. Besonders verhängnisvoll für die spätere Entwicklung war, daß Ludwig es dem Papsttum gegenüber unterließ, das Recht zur Bestätigung der Papstwahl zu beanspruchen. Damit wurde bereits die spätere Niederlage des Kaisertums im Kampf gegen das Papsttum (Investiturstreit) vorbereitet. Karl selber, dessen Reich das Gebiet zwischen Pyrenäen, Eider und Elbe, dazu Nord- und Mittelitalien und das heutige Österreich umfaßte und der im Jahre 800 in Rom zum Kaiser gekrönt wurde (was der Kaiser von Ostrom zunächst als Usurpation betrachtete), hatte die Kirche fest in der Hand behalten: Er leitete die Reichssynoden und ernannte Bischöfe und Äbte.

Literaturverzeichnis

Aldington, Richard, David Herbert Lawrence in Selbstzeugnissen und Bilddokumenten, Reinbek b. Hamburg 1961

Andersen, Hans Christian, Sämtliche Märchen und Geschichten. Herausgegeben und eingeleitet von Leopold Magon, Leipzig 1953

Baschwitz, Kurt, Hexen und Hexenprozesse. Die Geschichte eines Massenwahns und seiner Bekämpfung, München 1963

Baum, V., Es war alles ganz anders, Erinnerungen, Ullstein, Berlin 1962

Berl, Heinrich, Napoleon III. – Demokratie und Diktatur, München 1946

Bertrand, Ludwig, Ludwig der Vierzehnte, Dresden 1927

Bibl, Victor, Der Tod des Don Carlos, Wien, Leipzig 1918

Blennerhasset, Charlotte Lady, Maria Stuart, Königin von Schottland, München 1907

Blumenburg, Werner, Karl Marx in Selbstzeugnissen und Bilddokumenten, Reinbek b. Hamburg 1962

Borcherdt, Hans Heinrich, Der Roman der Goethe-Zeit, Urach, Stuttgart 1949

Brennecke, Detlef, Tanja Blixen, Rowohlt, Reinbek b. Hamburg 1996

Bringmann, Klaus, Iustinian I., in Manfred Clauss (Hrsg.), Die römischen Kaiser, München 1997

Büdinger, Max, Don Carlos' Haft und Tod, Wien, Leipzig 1891

Casanova, Giacomo, Memoiren, Ausgewählt von Ernesto Grassi, Hamburg 1958/60

Castelot, André, Der Herzog von Reichstadt, Wien, Berlin, Stuttgart 1960

Castelot, André, Die großen Stunden von Paris, Wien, Berlin, Stuttgart 1961

Churchill, Winston S., Meine frühen Jahre (Weltabenteuer im Dienst), 4. Aufl., München 1965

Curie, Eve, Madame Curie, deutsch 1937
Curie, Eve, Madame Curie, aus dem Französischen von Giustiniani, S. Fischer, Frankfurt a. M. 1952

Deutscher, Isaac, Stalin. Eine politische Biographie, Stuttgart 1962
Dietrich, Marlene, Ich bin, Gott sei Dank, Berlinerin, Memoiren, Berlin 1987
Döring, Woldemar Oskar, Fichte – der Mann und sein Werk, Hamburg 1947
Doublier, Gerda, Maria Stuart. Ihr Leben als Königin und Frau, Graz, Köln 1959

Eckermann, Johann Peter, Gespräche mit Goethe in den letzten Jahren seines Lebens 1823–1832. Herausgegeben von Prof. Dr. E. Castle, Berlin 1916
Eyck, Erich, Bismarck und das deutsche Reich, Zürich 1955

Fichte, Johann Gottlieb, Leben und literarischer Briefwechsel. Herausgegeben von seinem Sohne J. H. Fichte, 2 Teile, Sulzbach 1830/31
Fischer, Werner, Mutter Teresa, Ein Heiligkeitsmodell kritisch betrachtet, Deutscher Taschenbuch Verlag, München 1985
Fleckenstein, Josef, Karl der Große, Göttingen 1962
Fölsing, Ulla, Nobel-Frauen, C. H. Beck, München 1994
Franken, Dr. Franz Hermann, Das Leben großer Musiker im Spiegel der Medizin. Schubert, Chopin, Mendelssohn, Stuttgart 1959
Friedenthal, Richard, Goethe – Sein Leben und seine Zeit, München 1963
Friedenthal, Richard, Georg Friedrich Händel in Selbstzeugnissen und Bilddokumenten, Reinbek b. Hamburg 1959

Gaxotte, Pierre, Friedrich der Große, Zürich 1940
Gaxotte, Pierre, Ludwig XIV. – Frankreichs Aufstieg in Europa, München 1951
Geiger, Ruth-Esther, M. M., Reinbek b. Hamburg 1995
Goethe, Johann Wolfgang von, Werke – Hamburger Ausgabe in 14 Bänden; Band 6. Mit Anmerkungen versehen von Benno v. Wiese und Erich Trunz, Hamburg 1951
Gollub, Wilhelm, Tiberius, München 1959
Grayeff, Felix, Heinrich der Achte. Das Leben eines Königs, Schicksal eines Reiches, Hamburg 1961

Grey, Ian, Katharina die Große, Tübingen 1961
Grosch, Gerhard, Vor hundert Jahren: Duellforderung Bismarcks an Virchow, Deutsches Ärzteblatt 62. Jahrg. (43/65), Köln 1965
Grosvenor Myer, Valerie, Jane Austen – Ein Leben, aus dem Englischen von Christine Frick-Gerke, S. Fischer, Frankfurt a. M. 1998

Handley, Rima, Eine homöopathische Liebesgeschichte – Samuel und Mélanie Hahnemann, München 1993
Heberer, Gerhard, Charles Darwin. Sein Leben und sein Werk, Stuttgart 1959
Henke, Matthias, »Süchtig nach der Sehnsucht«. Edith Piaf, Econ & List Taschenbuch-Verlag, München 1998
Herold, Christopher, Madame de Staël. Herrin eines Jahrhunderts, München 1960
Hoffmann, N., Th. M. Dostojewsky. Eine biographische Studie, Berlin 1899
Hühnerfeld, Paul, Kleine Geschichte der Medizin, Frankfurt a. M. 1956

Jonas, Klaus W., Der Kronprinz Wilhelm, Frankfurt a. M. 1962

Kant, Immanuel, Ein Lebensbild nach Darstellungen der Zeitgenossen Jachmann, Borowski, Wasianski. Herausgegeben von Alfons Hoffmann, Halle 1902
Katharina II., Memoiren. Von ihr selbst geschrieben. Nebst einer Vorrede von A. Herzen, Hannover 1859
Keitel, Evelyne, Anne Sexten, in: Wahnsinnsfrauen, 2. Band, herausgegeben von Sibylle Duda u. Luise F. Pusch, Suhrkamp Verlag, Frankfurt a. M. 1996
Kircheisen, Friedrich Max, Napoleon I. Sein Leben und seine Zeit, 8 Bände, München 1923–1932
Kornemann, Ernst, Tiberius, Stuttgart 1960
Ksoll, Peter, Vögtle, Fritz, u. a., Marie Curie, Rowohlt, Reinbek b. Hamburg 1980
Küntzel, Ulrich, Die Finanzen großer Männer (Odysseus, Sokrates, Cäsar, Kolumbus, Shakespeare, Washington, Goethe, Napoleon, Bismarck, Gandhi), Düsseldorf, Wien 1964

Laffitte, Sophie, Anton Tschechow in Selbstzeugnissen und Bilddokumenten, Reinbek b. Hamburg 1960

Ley, Stephan, Beethoven. Sein Leben in Selbstzeugnissen und Berichten, Berlin 1939
Ley, Stephan, Wahrheit, Zweifel und Irrtum in der Kunde von Beethovens Leben, Wiesbaden 1955
Ludwig, Emil, Lincoln, Berlin 1930
Lunding, Erik, Adalbert Stifter, Kopenhagen 1946

Marabini, Jean, Lenin – Organisator der russischen Revolution, Wiesbaden o. J. (1963)
Martynkewicz, Wolfgang, Jane Austen, Rowohlt, Reinbeck b. Hamburg 1995
Mattingly, Garrett, Katharina von Aragon, Stuttgart 1962
McGowan, Moray, Marieluise Fleißer, München 1987
Medicus, Fritz, Fichtes Leben, Leipzig 1922
Meisner, Michael, Martin Luther – Heiliger oder Rebell, Lübeck 1981
Mendelssohn, Peter de, Churchill. Sein Weg und seine Welt. Erstes Buch: Die Jugend Winston Churchills, 1874–1914, Freiburg 1957
M. M., Ich, Marylin Monroe. Meine Autobiographie, München 1984
Morse, John T., Jr., Abraham Lincoln, 2 Bände, London 1893
Mozarts Briefe, herausgegeben von Willi Reich, Zürich 1948

Nette, H., Elisabeth I. in Selbstzeugnissen, Reinbek b. Hamburg 1982
Nielsen, Erling, Hans Christian Andersen in Selbstzeugnissen und Bilddokumenten, Reinbek b. Hamburg 1958
Nötzel, Karl, Das Leben Dostojewskis, Leipzig 1925
Noyes, Alfred, Voltaire, München 1958

Possony, Stefan T., Lenin. Eine Biographie, Köln 1964
Prause, Gerhard, Niemand hat Kolumbus ausgelacht. Fälschungen und Legenden der Geschichte richtiggestellt, Düsseldorf, Wien 1966 (für Tiberius und Lincoln)
Puschkin, Alexander, Der Mohr Peters des Großen
Puschkin, Alexander, Der Schuß

Raddatz, Werner, Das abenteuerliche Leben Karl Mays, Gütersloh 1965
Ranke, Leopold von, Don Carlos, Prinz von Asturien, Sohn König Philipps II. von Spanien (in historisch-biographische Studien), Leipzig 1877

Rehberg, Walter und Paula, Frédéric Chopin – Sein Leben und sein Werk, Zürich 1949
Reid, R., Marie Curie – Erfolg und Tragik, deutsch v. H. Beese, Heyne, München 1980
Richter, Werner, Abraham Lincoln. Mensch und Staatsmann, München 1952
Richter, Werner, Bismarck, Frankfurt a. M. 1962
Ritzel, Wolfgang, Jean-Jacques Rousseau, Stuttgart 1959
Roedl, Urban, Adalbert Stifter. Geschichte seines Lebens, 2. Aufl., Hamburg 1958
Rousseau, Jean-Jacques, Selbstbildnis. Aus den autobiographischen Schriften ausgewählt und herausgegeben von Ferdinand Lion, Zürich 1960

Schlösser, Rainer, Struensee in der deutschen Literatur, Altona 1931
Schmidt, Arno, Sitara und der Weg dorthin. Eine Studie über Wesen, Werk und Wirkung Karl Mays, Karlsruhe 1963
Schürr, Friedrich, Cervantes, Essen 1947
Seemann, Annette, »Ich bin eine befreite Frau« – Peggy Guggenheim, Econ & List Taschenbuch Verlag, München 1998
Seume, Johann Gottfried, Prosaschriften, herausgegeben von Werner Kraft, Köln 1963
Seume, Johann Gottfried, Mein Leben (neu herausgegeben), Bremen 1964
Sexton, Anne, Selbstportrait in Briefen, herausgegeben und mit einem Vorwort von Elisabeth Bronfen, aus dem Amerikanischen von Silvia Morawetz, S. Fischer Verlag, Frankfurt a. M. 1997
Silló-Seidl, Georg, Die Wahrheit über Semmelweis – Das Wirken des großen Arzt-Forschers und sein tragischer Tod im Licht neu entdeckter Dokumente, Genf 1978
Simon, Edith, Friedrich der Große. Das Werden eines Königs, Tübingen 1963
Spoto, Donald, M. M., Die Biographie, München 1993
Stifter, Adalbert, Sämtliche Werke, herausgegeben von August Sauer und anderen. 25 Bände (davon 8 Bände Briefwechsel), Prag, Reichenberg 1901 ff.
Strachey, Lytton, Queen Victoria, deutsch Berlin 1925

Thurman, Judith, Tania Blixen, Ihr Leben und Werk, DVA, Stuttgart 1989

Treue, Wilhelm, Mit den Augen ihrer Leibärzte, 2. Auflage, Düsseldorf 1955
Troyat, Henry, Puschkin. Eine Biographie, München 1959
Valentin, Erich, Mozart. Eine Bildbiographie, Berlin, Darmstadt, Wien 1958
Valentini, Rudolf von, Kaiser und Kabinettschef. Nach eigenen Aufzeichnungen und dem Briefwechsel des Wirklichen Geheimen Rats Rudolf von Valentini, dargestellt von Bernhard Schwerdtfeger, Oldenburg i. O. 1931
Vogt, Theodor, J. J. Rousseaus Leben, Wien 1870

Cosima Wagner und Ludwig II. von Bayern, Briefe – Zum ersten Mal vollständig herausgegeben von Martha Schad unter Mitarbeit von Horst Heinrich Schad, Bergisch Gladbach 1996
Wahl, Rudolph, Karl der Große. Der Vater Europas, Frankfurt a. M., Hamburg 1954
Wehner, Josef Magnus, Struensee, Leipzig 1879
Weinstock, Herbert, Chopin – Mensch und Werk, München 1960
Wichler, Gerhard, Charles Darwin. Der Forscher und der Mensch, München, Basel 1963
Wilhelm II., Ereignisse und Gestalten aus den Jahren 1878 bis 1918, Leipzig und Berlin 1922
Wilhelm, Kronprinz, Erinnerungen. Aus den Aufzeichnungen, Dokumenten, Tagebüchern und Gesprächen, herausgegeben von Karl Rosner, Stuttgart und Berlin 1922
Wittich, Karl, Struensee, Leipzig 1879
Wollschläger, Hans, Karl May in Selbstzeugnissen und Bilddokumenten, Reinbek b. Hamburg 1965
Wyss, Walter von, Charles Darwin. Ein Forscherleben, Zürich, Stuttgart 1958

Zedlitz-Trützschler, Zwölf Jahre am deutschen Kaiserhof, 5. und 6. Auflage, Berlin, Leipzig 1924
Zehl Romero, Christiane, Anna Seghers mit Selbstzeugnissen und Bilddokumenten, Reinbek b. Hamburg 1993
Zobeley, Fritz, Ludwig van Beethoven in Selbstzeugnissen und Bilddokumenten, Reinbek b. Hamburg 1965
Zweig, Stefan, Balzac, Frankfurt a. M. 1946